Collection

TRADUCTOLOGIQUES

dirigée
par
Jean-René Ladmiral et Jean-Yves Masson

Écrits sur la traduction

DANS LA MÊME COLLECTION

José Ortega y Gasset, *Misère et splendeur de la traduction* (traduction de François Géal, postface de Jean-Yves Masson)

Nicolas Froeliger, *Les Noces de l'analogique et du numérique.* De la traduction pragmatique

Jean-René Ladmiral, *Sourcier ou cibliste.* Les profondeurs de la traduction

Danica Seleskovitch & Marianne Lederer, *Interpréter pour traduire* (nouvelle édition revue et corrigée)

Jean-René Ladmiral & Edmond Marc Lipiansky, *La Communication interculturelle*

André Senécal, *Le Bruissement des matins clairs.* Propos d'un traducteur

Christine Lombez, *La Seconde Profondeur.* La traduction poétique et les poètes traducteurs en Europe au XXe siècle

Maurice Pergnier, *Les Fondements sociolinguistiques de la traduction*

Paul Ricœur, *Sur la traduction*

MARTIN LUTHER

Écrits sur la traduction

Préface par Michel Grandjean

Textes édités, traduits et présentés
par Catherine A. Bocquet

Paris
Les Belles Lettres
2017

www.lesbelleslettres.com
Retrouvez Les Belles Lettres sur Facebook et Twitter.

ISBN : 978-2-251-44754-4

Préface

par
Michel Grandjean

De tous les livres publiés par Martin Luther, celui auquel il tenait le plus n'a jamais fait, ni ne fera probablement jamais, l'objet d'une traduction. Car il s'agit *déjà* d'une traduction : c'est la fameuse *Lutherbibel*, comme Johannes Bugenhagen l'a désignée dès 1534 et comme on la désigne encore, ce chef-d'œuvre de la langue allemande, ainsi qu'on en parle souvent (et jusque chez Nietzsche, qui exaltait *das Meisterstück der deutschen Prosa*). Luther, lui, l'appelait autrement : on trouve dans sa bouche ou sous sa plume des expressions comme la « chère Bible », ou même, en toute immodestie, « mon Nouveau Testament », « ma Bible ».

Ses autres livres ? Leur perte, à l'en croire, ne le laisserait pas inconsolable : « J'aurais vu d'un œil favorable que tous mes ouvrages fussent restés dans l'ombre et eussent disparu » écrit Luther en 1539 quand on lui demande une préface pour un recueil de ses œuvres allemandes. On a rassemblé déjà trop d'ouvrages dans des bibliothèques trop grandes, continue-t-il en substance, ce qui fait qu'on a « gaspillé un temps précieux qui aurait pu être employé à

l'étude de l'Écriture ». Et plus loin : « Ni les conciles, ni les Pères, ni nous-même […] ne pourrons faire aussi bien que ce qu'a fait l'Écriture sainte, c'est-à-dire Dieu en personne »[1].

Tout cela est bel et bon, mais n'enlève rien au fait que Luther a publié bien d'autres choses que la Bible et qu'il s'est très tôt hissé, de façon parfaitement assumée, parmi les faiseurs d'opinion les plus efficaces que l'Europe ait jamais connus. On sait en quelle estime il tient d'ailleurs l'imprimerie, « le dernier, le plus grand don de Dieu à l'humanité » selon un propos de table souvent cité. À la fin de l'année 1519, il est déjà l'auteur de quarante-cinq publications, dont vingt en allemand, pour un total d'environ deux cent cinquante éditions qui correspondent, estime-t-on, à plus de 250 000 exemplaires. Comme professeur de l'université de Wittemberg, il entend parfaitement le latin, il le parle et l'écrit comme une seconde langue maternelle. Pour autant, il tient à s'adresser à ses « chers Allemands » dans leur langue. Dès 1517, il leur destine des textes souvent intitulés « sermons », qui sont en réalité de petits ouvrages de direction spirituelle : les *Sept psaumes de la pénitence* (printemps 1517), le *Sermon sur les indulgences et la grâce* (printemps 1518, un texte qui ne connut pas moins de quinze éditions avant la fin de l'année 1518), des *Sermons* encore sur la contemplation de la sainte Passion du Christ, sur l'état conjugal, sur la préparation à la mort, sur le sacrement de pénitence, sur le saint et vénérable sacrement du baptême, sur le très vénérable sacrement du corps du Christ et sur les confréries, sur l'usure (tous en 1519).

L'année 1520, celle des « grands traités réformateurs », va propulser Luther plus loin encore sur la scène médiatique allemande. C'est alors qu'il publie (pour s'en tenir à ses titres en allemand) les *Bonnes œuvres* (en mai ou en juin), *La papauté de Rome* (en juin), l'*Appel à la noblesse*

1. Martin LUTHER, *Œuvres* II, Paris, Gallimard, Pléiade, 2017, p. 841*sq*.

chrétienne de la nation allemande (en août), enfin *La liberté du chrétien* (en novembre).

Cet intérêt, on devrait même dire cette passion missionnaire pour la diffusion de la théologie en langue allemande, devait tôt ou tard aboutir à la traduction de la Bible. Cette œuvre allait accaparer Luther plus d'une douzaine d'années, de la première publication du Nouveau Testament, en septembre 1522, à celle de la Bible entière, en 1534 – sans oublier la révision de 1545, qui l'occupera encore passablement. Une entreprise exceptionnelle à plusieurs titres, le moindre d'entre eux n'étant pas qu'elle est accompagnée d'une réflexion théorique lumineuse : celle précisément dont Catherine Anaïs Bocquet donne ici une traduction nouvelle et vers laquelle nous allons nous tourner.

Mais il faut bien commencer par abattre une idée reçue dans le public francophone : Luther n'est pas le premier traducteur de la Bible allemande. Sans parler de la Bible de Zurich de 1531, due notamment à Ulrich Zwingli et Leo Jud, car elle s'inspire directement des traductions partielles que Luther avait publiées avant même 1534, il serait trop léger d'oublier qu'avant Luther ce sont soixante-douze traductions allemandes de la Bible (certes incomplètes pour la plupart) qui avaient vu le jour. La plus ancienne remontait au IVe siècle, quand l'évêque wisigoth Wulfila avait fait traduire en gotique, croit-on, l'ensemble du Nouveau Testament et de larges parties de l'Ancien (il n'en reste que quelques extraits, qui ne sont lisibles que par de rares spécialistes). Dans un sursaut de désespoir, l'archevêque Berthold de Mayence avait bien essayé en 1485 de faire valoir la « pauvreté » de la langue allemande, impropre à rendre sans les trahir « les plus hautes pensées de la religion chrétienne ».

Toutes ces traductions (à l'exception évidente de celle de Wulfila) sont réalisées à partir de la version qui règne en maîtresse incontestée dans l'Occident médiéval : la Vulgate

latine de saint Jérôme, constamment revue et corrigée, finalement standardisée à la fin du XVIe siècle. Luther la connaissait probablement par cœur : « Enfin, dans la bibliothèque, j'ai trouvé une bible. Et aussitôt que je fus au couvent [c'était en 1505, alors qu'il avait vingt-deux ans], je me suis lancé dans la lecture, et j'ai relu, et j'ai relu encore la Bible »[2]. Cette Vulgate demeure le texte de base des premiers enseignements de Luther, quand il commente les Psaumes, l'épître aux Romains ou l'épître aux Hébreux.

Or, Luther doit aussi sa formation à l'humanisme et à cette exigence philologique que résume le slogan *ad fontes !*, « retour aux sources ! ». De même qu'Érasme relevait que l'eau est toujours meilleure à la source qu'à l'embouchure d'une rivière ou que celle qu'on aurait longtemps transportée dans une barrique, Luther exprime son admiration pour l'hébreu et pour l'*hebraica veritas* : « La langue hébraïque est de toutes la meilleure et la plus riche [...]. Si j'étais plus jeune, je voudrais l'apprendre, car sans elle nul ne peut bien comprendre l'Écriture sainte. Car le Nouveau Testament, bien qu'écrit en grec, est rempli d'hébraïsmes et de tournures hébraïques. C'est ainsi qu'on a pu dire à raison : les Hébreux boivent à la source, les Grecs au ruisseau qui coule de la source, mais les Latins boivent dans des flaques »[3]. Luther reconnaît que son hébreu est imparfait (il saura s'entourer, on va le voir, d'une équipe de savants), mais il l'a appris avec diverses grammaires, à commencer par celle de Johannes Reuchlin, *De rudimentis hebraicis* (1506), dont il avait acquis un exemplaire au couvent d'Erfurt. Quant au grec du Nouveau Testament, il l'a appris tout en donnant à Wittemberg ses enseignements, grâce à l'édition princeps qu'Érasme avait procurée à Bâle en 1516, le *Novum Instrumentum* (ou *Testamentum*).

2. Propos de table n° 3767, 1538.
3. Propos de table n° 1040, première moitié des années 1530.

On peut imaginer que son intime connaissance de la traduction latine lui permit assez vite de se familiariser avec le grec (il est aujourd'hui des adolescents qui ont appris l'anglais en lisant les volumes de Harry Potter qu'ils connaissaient déjà presque par cœur en traduction).

Luther, pour s'abreuver à l'Écriture, n'allait pas longtemps se satisfaire d'une flaque. Il pourrait d'ailleurs faire siens, sans la moindre hésitation, ces mots d'Érasme, dans l'une des préfaces qu'il avait données à son Nouveau Testament de 1516 : « Je suis tout à fait opposé à l'avis de ceux qui ne veulent pas que les lettres divines soient traduites en langue vulgaire pour être lues par les profanes, comme si l'enseignement du Christ était si voilé que seule une poignée de théologiens pouvaient le comprendre. [...] Je voudrais que les femmes les plus humbles lisent toutes l'évangile, qu'elles lisent les épîtres de Paul. Puissent ces livres être traduits en toutes les langues, de façon que les Écossais, les Irlandais, mais aussi les Turcs et les Sarrasins soient en mesure de les lire et de les connaître. »[4]

En 1522, confiné à la Wartburg, et fort du secours de Philippe Melanchthon, l'un de ses amis les plus proches mais aussi helléniste de haut vol, il traduit en moins de trois mois le Nouveau Testament. Lequel paraît en 3 000 exemplaires en septembre 1522 (le *Testament de septembre*), puis, dans une version corrigée, trois mois plus tard (le *Testament de décembre*). Tout en traduisant du grec, Luther n'est pas sans céder ici et là à quelque réminiscence de la Vulgate latine. Dans la foulée, c'est à l'Ancien Testament qu'il s'attaque : en octobre 1523 paraissent le Pentateuque, les livres historiques, les livres poétiques. Les prophètes et les apocryphes (les livres de l'Ancien Testament écrits en grec, comme la Sagesse ou les Macchabées) suivront avec un retard qu'expliquent la maladie et la surcharge de travail :

4. Érasme, *Les préfaces au* Novum Testamentum *(1516)*, trad. Yves Delègue, Genève, Labor et Fides, 1990, p. 75, trad. modifiée.

Isaïe en 1528, Ézéchiel en 1530, le Siracide en 1532... jusqu'à ce que la Bible tout entière sorte enfin des presses de Hans Lufft, à temps pour la foire de la Saint-Michel, en octobre 1534. Luther a pris entretemps connaissance d'autres traductions, comme celle des prophètes que les anabaptistes Ludwig Hätzer et Hans Denck ont publiée en 1527, mais rien ne trahit chez lui quelque dépendance que ce soit à l'égard d'autrui.

C'est peu dire de Luther que vingt fois sur le métier il remit son ouvrage. Une comparaison entre les psaumes de la pénitence, déjà traduits en 1517, et la version du psautier qui paraît en 1534 montre que les différences sont notables. La version même de 1534 restait imparfaite ; entouré d'un « sanhédrin » de conseillers philologiques (l'expression sera plus tard de son ancien étudiant et secrétaire Georg Rörer), il révisa cette Bible, qui n'était décidément pas l'œuvre d'un seul homme : outre Melanchthon, déjà nommé, il faut citer l'hébraïsant Matthäus Aurogallus, Caspar Cruciger, Justus Jonas ou Johannes Bugenhagen, que Luther réunissait en séances de travail hebdomadaires de correction. Une nouvelle édition sortit des presses en 1545, un an avant la mort du réformateur. Les historiens du livre ont dénombré un peu moins d'une centaine d'impressions wittembergeoises totales ou partielles de la Bible du vivant de Luther (dont onze bibles complètes et vingt et une éditions du Nouveau Testament), tout cela concourant accessoirement à faire des imprimeurs de Luther et de la Bible les habitants les plus riches de la ville.

Même s'il restait beaucoup à polir, Luther n'était pas mécontent du résultat : avoir pu donner une Bible en bon allemand, avoir publié une traduction allemande meilleure que ne l'était la Vulgate pour le latin, tels furent les plus grands titres de fierté qu'il s'accordait. Ce d'autant plus que chacun des livres bibliques était flanqué d'une introduction « pour que l'homme simple soit conduit du non-sens

(*Wahn*) sur la bonne voie et qu'il soit enseigné » (préface au Nouveau Testament de 1522).

C'est ainsi que les critiques qui se mirent à pleuvoir sur la traduction de Luther n'allaient pas laisser notre auteur insensible. Le théologien Jérôme (Hieronymus) Emser publia à Leipzig en 1523 une acerbe critique du Nouveau Testament de Luther, version fautive, assortie de gloses et d'avant-propos erronés, dont il convenait d'interdire la lecture. Et le même Emser de donner ensuite, en 1527, sa propre traduction du Nouveau Testament. Pour son malheur, ce « gâte-papier (*Sudler*) de Dresde », ainsi que Luther l'appelle par périphrase pour ne pas le nommer, commettait l'une des pires erreurs de méthode, pour laquelle il ne sera pas de rémission au jugement dernier des traducteurs : il plagia le Nouveau Testament de Luther et entreprit de le corriger à l'aune de la Vulgate. Pour reprendre l'image de Luther citée plus haut, c'était vouloir purifier la source en y mêlant l'eau boueuse d'une flaque[5].

La contre-attaque de Luther fut à la fois cinglante et brillante. On va la lire plus loin, dans la belle traduction de Catherine A. Bocquet. Cinq siècles avant les travaux sémiotiques et traductologiques d'Umberto Eco, on trouve chez Luther la même intuition fondamentale, à savoir que la véritable traduction n'opère pas de mot à mot (*parola dopo parola*), mais de monde à monde (*da mondo a mondo*), en fonction d'un horizon de référence dont il importe de prendre conscience[6]. C'est cette intuition indépassée qui invite à rendre le sens au-delà des vocables.

5. À noter qu'une autre traduction du texte de Luther, naguère la seule disponible en français, commettait un autre péché en imaginant que Luther s'en prenait ici à un certain monsieur Sudler [*sic !*] de Dresde (Martin LUTHER, *Œuvres*, tome VI, Genève, Labor et Fides, 1964, p. 187-204).

6. Cf. *Dire quasi la stessa cosa. Esperienze di traduzione*, Milan, Bompiani, 2003 ; traduit de l'italien par Myriem Bouzaher sous le titre : *Dire presque la même chose. Expériences de traduction*, Paris, Grasset, 2006.

Cette intuition selon laquelle il convient de « germaniser » (*verdeutschen*, un terme employé par Luther dès 1517) le texte qu'on veut rendre en allemand. Cette intuition enfin qui le conduit à faire comprendre aux Allemands que Dieu, dans la Bible, leur est aussi proche qu'il pouvait l'être des Hébreux de l'ancienne alliance ou des contemporains de Jésus en Galilée.

Luther reprendra notamment Emser sur deux points, l'un comme l'autre fondamentaux et qui donnent encore à penser tant aux théologiens qu'aux traductologues. Évoquons-les brièvement.

Le premier point concerne l'épître aux Romains, dans laquelle Paul a voulu donner un sommaire « de toute la doctrine du Christ et de l'Évangile, et une entrée dans tout l'Ancien Testament » (introduction à l'épître). Or, voici que, traduisant le chapitre 3, Luther a inséré l'adverbe « seulement » pour caractériser la foi : « Nous tenons donc que l'humain est justifié sans faire les œuvres de la loi, seulement par la foi ». Il vaut la peine de présenter l'objet du délit, dans le Nouveau Testament de 1522 : *So halten wyrs nu, das der mensch gerechtfertiget werde, on zu thun der werck des gesetzs, alleyn durch den glawben*[7].

On imagine la joie féroce des adversaires de Luther tombant sur ces lignes. Ils ont affaire, rappelons-le, à un hérésiarque qui, au risque de ruiner toute morale publique, exalte la foi jusqu'à dévaloriser les œuvres, à un faux apôtre qui prétend pouvoir fonder son enseignement sur la seule Écriture et qui ne manque d'ailleurs jamais de l'invoquer à chaque fois qu'on lui demande de rendre

7. La Bible de 1546 aura, de façon plus moderne : *So halten wir es nu, Das der Mensch gerecht werde, on des Gesetzes werck, alleine durch den Glauben* ; quant à la toute dernière révision de la Lutherbibel, celle de 2017, elle garde fidèlement *So halten wir nun dafür, dass der Mensch gerecht wird ohne des Gesetzes Werke, allein durch den Glauben.*

des comptes. L'exemple le plus efficace rhétoriquement de cet appel à l'Écriture n'est autre que le célèbre discours prononcé à Worms en avril 1521 : « À moins qu'on ne me convainque par les témoignages des Écritures ou par une raison évidente – car je ne fais confiance ni au pape ni aux conciles seuls, puisqu'il est manifeste qu'ils se sont souvent trompés et qu'ils se sont contredits eux-mêmes –, je suis vaincu par les Écritures que j'ai citées et, ma conscience étant captive des paroles de Dieu, je ne puis ni ne veux rétracter quoi que ce soit, car agir contre sa conscience n'est ni sûr ni honnête. »[8]

Pour ses adversaires, voici donc le grand Luther pris la main dans le sac : loin de se laisser informer par la Bible, il la tord sans scrupule pour la rendre conforme à sa fausse doctrine. C'est toute la ligne de défense du prétendu réformateur qui s'effondre lamentablement. En termes footballistiques, dans un autre horizon de référence, on appellera ça un autogoal.

Or, si l'attaque d'Emser a sombré dans l'oubli, la riposte de Luther a franchi les siècles sans perdre une ride. Il faut la lire dans les pages qui suivent. Luther sait bien, explique-t-il, que ce petit mot, « seulement », ne se trouve pas dans le texte grec. Mais face à des adversaires qui poussent des cris d'orfraie, « aussi éberlués qu'une poule qui aurait trouvé un couteau » selon l'ingénieuse traduction de Catherine A. Bocquet, il explique qu'il n'a pas voulu faire autre chose que d'écrire en bon allemand, une exigence qui requiert

8. D'après la traduction de Michel Grandjean, qu'on trouve notamment dans *La Réforme. Matin du monde moderne*, Bière, Cabédita, 2016, p. 26.
À noter que ces mots, qui comptent parmi les plus célèbres de Luther, sont traditionnellement victimes en français d'une erreur de traduction qui remonte au moins à Lucien Febvre : là où Luther dit être « *vaincu* par les Écritures [qu'il a] citées » (*victus sum scripturis a me adductis*), on va répétant, jusque dans les nombreuses publications de 2017 : « Je suis *lié* par les Écritures... », postulant ainsi une variante (nulle part attestée) qui serait *vinctus sum* (*cf.* WA 7, 838, 6).

précisément ici l'insertion de l'adverbe « seulement ». Pour employer la terminologie créée par Jean-René Ladmiral, il faut, pour être compris, être cibliste, même si Luther, comme on le verra, peut aussi parfois se révéler sourcier. Nul ne l'a mieux dit, précisément, que Luther lui-même : « Car ce n'est pas aux mots du texte latin, comme le font ces ânes, qu'il faut demander comment on parle allemand. C'est à la mère dans son foyer, aux enfants dans les rues, à l'homme du peuple au marché qu'il faut le demander ; écoutez comment parle leur bouche et tenez-en compte en traduisant : c'est ainsi qu'ils vous comprendront et verront que vous leur parlez leur langue. »

Le second point à mentionner ici, c'est ce dialogue de l'ange Gabriel et de Marie, tel que le donne l'évangile de Luc (1:26-38). En latin, chacun connaît, au XVIe siècle, les mots par lesquels l'ange apostrophe Marie : *Ave Maria, gratia plena, Dominus tecum, benedicta tu in mulieribus.* Le problème est double : Marie n'entendait pas le latin et l'ange n'a donc pas prononcé ces mots-là ; le syntagme « pleine de grâce » ne sonne pas bien en allemand. Le fait que la formule soit marquée d'un poids liturgique séculaire ne change rien à l'affaire : on est libre de traduire autrement. C'est ce qu'a fait Luther, au risque d'essuyer, ici encore, mille critiques. Luther défend sa démarche cibliste : « Avez-vous jamais rencontré un Allemand disant à une femme "tu es pleine de grâce" ? D'ailleurs, les Allemands comprennent-ils ce que signifie "pleine de grâce" ? Sachant que les Allemands associent l'adjectif "plein" à un tonneau de bière ou à une bourse remplie d'argent, j'ai écrit "toi qui es gracieuse[9]". Et pourtant, Luther avoue n'avoir pas osé écrire ce qu'il aurait vraiment voulu, à savoir : *Gott grüße dich, du liebe Maria*, car c'est ainsi que l'ange « aurait salué Marie en allemand ».

9. Faut-il évoquer ici le terrible et superbe film de Claude Chabrol, *Une affaire de femmes* (1988), où Isabelle Huppert donne sur ce point précis, jusqu'à l'insoutenable, entièrement raison à Luther ?

Voilà ce grand principe herméneutique concrètement mis en œuvre : traduire la proximité de Dieu avec les Allemands et le faire parler dans la langue qu'ils parlent chaque jour. En extrapolant : traduire la proximité de Dieu avec l'humanité, dans quelque idiome que ce soit.

On a souvent opposé Luther le théologien à Érasme le philologue. Cette opposition – pas davantage que celle qui traîne encore entre un Augustin théologien et un Jérôme homme de lettres – ne tient guère. Érasme a assez prouvé, dans son traité sur le libre arbitre (*De libero arbitrio*) contre Luther, qu'il a les moyens théologiques d'en remontrer à plus d'un théologien patenté. Et Luther est loin, très loin, de mépriser la philologie. On le constate à chaque page de sa *Lettre ouverte sur l'art de traduire et sur l'intercession des saints* de 1530 et dans la *Brève présentation des psaumes et explications sur la façon de les traduire* qui suivra en 1531.

On le constate encore quand il évoquera, en 1545, la découverte fondamentale qui aura été à la racine de son entreprise réformatrice, à savoir la signification de l'expression « justice de Dieu ». Il présentera en effet cette découverte comme une simple trouvaille grammaticale : « Je remarquai l'enchaînement des mots »[10]. Il ne s'agit pas, dans le syntagme « justice de Dieu », de ce que nous appellerions un génitif subjectif (la justice qui appartient à Dieu, que Luther désigne comme la justice « active »), mais bien plutôt d'un génitif objectif (la justice que Dieu donne aux croyants, dont Luther parle comme de la justice « passive » car nous ne faisons que la subir). La réflexion théologique commence par la prise de conscience de ce que les mots humains sont fragiles et souvent ambigus : « la bague de mon ami », ces mots désignent-ils un objet qui appartient à mon ami ou, à l'inverse, cet objet que mon ami m'a donné et qui est

10. *Œuvres* II, p. 857.

donc le mien ? La « justice de Dieu », est-ce une qualité active qui appartient à Dieu ou, à l'inverse, comme Luther en fait la découverte, un don que Dieu m'a fait et qui, en conséquence, m'appartient ? Toute l'origine de la Réforme tient dans ce questionnement purement grammatical et dans l'interprétation finalement donnée d'une justice accordée au croyant, fût-il pécheur. *Simul iustus, simul peccator.*

Belle leçon, qui montre que la théologie a toujours tort quand elle méprise la grammaire et la philologie. Ce n'est pas une autre démonstration que Luther déploie dans les pages qu'on va lire[11].

11. Parmi les travaux récents qu'on peut mentionner sur Luther et les principes qui guident son œuvre traductrice :
Matthieu ARNOLD, *Martin Luther*, Paris, Fayard, 2017 ;
Die Bibel Martin Luthers. Ein Buch und seine Geschichte, éd. Margot Käßmann et Martin Rösel, Leipzig, Evangelische Verlagsanstalt, 2016 ;
Martin BRECHT, *Martin Luther*, 3 vol., Stuttgart, Calwer Verlag, 1983-1987 ;
Siegried HERMLE, « Luther, Martin (AT) », dans Bibelwissenschaft, 2008 ; lien permanent : https:/www.bibelwissenschaft.de/stichwort/25188/ ;
Marc LIENHARD, *Luther. Ses sources, sa pensée, sa place dans l'histoire*, Genève, Labor et Fides, 2016 ;
Luther Handbuch, éd. Albrecht Beutel, Tübingen, Mohr Siebeck, 2017 (3e éd.), notamment Heinz BLANKE, « Bibelübersetzung », p. 298-305.

Introduction

Martin Luther, un traducteur tout en contrastes

par
Catherine Anaïs Bocquet

> […] ce n'est pas aux mots du texte latin, comme le font ces ânes, qu'il faut demander comment on parle allemand. C'est à la mère dans son foyer, aux enfants dans les rues, à l'homme du peuple au marché qu'il faut le demander ; écoutez comment parle leur bouche et tenez-en compte en traduisant : c'est ainsi qu'ils vous comprendront et verront que vous leur parlez leur langue.

Ces quelques lignes tirées de la *Lettre ouverte sur l'art de traduire et sur l'intercession des saints* (*Sendbrieff vom Dolmetschen vnd Fürbitte der Heiligen*) suffisent pour faire surgir des images pittoresques, et voilà le nom de Martin Luther (1483-1546) associé à ce que les traductologues d'aujourd'hui appellent, à la suite de Jean-René Ladmiral[1],

1. C'est en effet lui qui, en juin 1983, a prononcé en les opposant l'un à l'autre les termes « sourciers » et « ciblistes », les premiers

la conception cibliste de l'activité traduisante. Cet extrait célébrissime contient bien des éléments auxquels sont sensibles les « ciblistes », à commencer par la nécessité de bien connaître les langues[2] et leur génie propre – les francophones reconnaissent ici le deuxième des cinq principes que posera Étienne Dolet en 1540[3] – et son corollaire, la capacité de bien dissocier la langue-source de la langue-cible car, comme le dit Luther, « ce n'est pas aux mots du texte latin [...] qu'il faut demander comment on parle allemand ». En effet, si l'on cherche dans les tournures propres au texte-source la manière de formuler le texte-cible, ce dernier sera inévitablement accoutré d'un code linguistique décrié à juste raison sous des appellations comme le « traduit-du » ou le « *translationese*[4] ».

Il y a ensuite le souci du public-cible, car Luther veut mettre le texte biblique à la portée du plus grand nombre. Cette attention aux destinataires du produit de l'activité traduisante ne va pas de soi, comme l'a souligné au XXe siècle Edmond Cary en évoquant l'âge d'or des « belles infidèles » :

nommés étant « [...] ceux qui, en traduction (et, particulièrement, en théorie de la traduction), s'attachent au *signifiant* de la *langue* du texte-*source* qu'il s'agit de traduire ; alors que les "ciblistes" entendent respecter le *signifié* (ou, plus exactement, le sens et la "valeur") d'une *parole* qui doit advenir dans la langue-*cible*. » (Jean-René LADMIRAL, *Sourcier ou cibliste*, Les Belles Lettres, 2014, p. 4)

2. WA 38, p. 9-11.
3. Ce traité, dont Edmond CARY donne une reproduction intégrale dans *Les grands traducteurs français* (hors-texte, avant la p. 5), est intitulé *La manière de bien traduire d'une langue en aultre. D'avantage. De la punctuation de la langue Françoyse. Plus. Des accents d'ycelle. Le tout faict par Estienne Dolet natif d'Orleans.*
4. « Translationese *is a term often used in discussion on the qualities of translated language. It has a pejorative ring, like that of similar terms such as* journalese, officialese *and* legalese [...] » (Sonja TIRKKONEN-CONDIT, « Translationese – a myth or an empirical fact ? », 2002, p. 207.)

> Tout traducteur se réclame de la fidélité. Mais l'équivalence de la traduction à l'original ne résulte pas d'une simple équation linguistique. À vrai dire, il ne s'agit même pas d'un rapport à deux termes : original-traduction ou auteur-traducteur. La relation comporte trois termes : auteur-traducteur-lecteur. Et c'est ce dernier terme, le plus important, peut-être, qui est souvent négligé.[5]

Luther porte une attention constante aux destinataires de ses écrits : contrairement aux traducteurs que nous qualifions aujourd'hui de sourciers, il se demande toujours, dit-il dans sa *Brève présentation des psaumes et explications sur la façon de les traduire*[6], si les Allemands pourront comprendre sa version allemande. Dans sa *Lettre ouverte sur l'art de traduire*, Luther cite le Nouveau Testament non pas en grec, mais en latin, car cette langue est plus largement maîtrisée par ses contemporains ; quant au seul mot grec qu'il mentionne, *κεχαριτωμένη*, il prend la peine de le translittérer en alphabet latin [*kecharitoméni*][7]. Il fait de même lorsqu'il cite quelques mots en hébreu[8]. Lorsqu'il répond à son abondant courrier, il module le ton, le style... et la langue en fonction du destinataire, comme l'a bien montré une sorte d'étude statistique de sa correspondance[9]. Pour les ouvrages qu'il publie en latin, puis en allemand, il procède non pas à une traduction,

5. Edmond CARY, *Les grands traducteurs français*, 1963, p. 34.
6. WA 38, p. 11-12 : « *Also hie im xiij. vers hetten wir auch wol kuenden steiff dem Ebreischen nach also dolmetschen : (...) Welcher Deutscher verstehet aber das ?* » et WA 38, p. 14 : « *solchs haben wir etliche mal mehr gethan, ob nu das Meister Kluegling villeicht nicht wird gefallen, der nicht darnach fragt, wie ein Deutscher muesse den text verstehen, sondern die wort steiff und genaw behellt, das jn niemand verstehen kan, das sicht uns nicht an, wir haben dem sinn nichts genommen, und die wort deudlich gegeben.* »
7. WA 30/II, p. 639, l. 6 ; *cf.* aussi WA DtB 6, p. LXXII-LXXIII.
8. WA 30/II, p. 639, l. 8 et 19.
9. D'après Herbert WOLF, *Martin Luther. Eine Einführung in germanistische Luther-Studien*, 1980, p. 148-150.

mais à une véritable adaptation en langue vernaculaire, puisqu'il va jusqu'à changer de procédés rhétoriques pour tenir compte du niveau d'instruction de ses lecteurs (ou auditeurs) allemands issus du peuple[10]. À l'inverse, lorsque la première version d'un écrit est en allemand – c'est le cas de son traité *De la liberté du chrétien* –, la version latine est moins imagée, plus posée, plus approfondie et plus pédagogique. Ainsi, les locutions géminées qu'affectionnent les locuteurs germanophones comme « la mère dans son foyer, les enfants dans les rues, l'homme du peuple au marché » sont remplacées en latin par un terme unique ; par exemple, « *frum und gerecht* » devient « *pius* ». « Luther ouvre ainsi aux lecteurs, d'autrefois ou d'aujourd'hui, une voie d'accès mieux assurée contre les méprises et plus propice à une réception équilibrée. »[11]

Si la traduction de la Bible par le Réformateur (entouré d'une équipe de savants comme le professeur d'hébreu Matthäus Aurogallus [Goldhahn][12] et l'helléniste Philipp Melanchthon [Schwartzerdt]) a eu un succès aussi retentissant[13], c'est précisément parce que cette version allemande a été pensée à l'intention d'un public *non lettré*. Le soin que prend Luther de se faire comprendre par son public-cible ressort aussi d'une déclaration faite dans un autre contexte :

> Lorsque je monte en chaire, je veux prêcher uniquement pour les [valets de ferme] et les servantes. Je n'ai nullement l'intention de le faire ne serait-ce qu'une seule fois pour le

10. Voir Herbert WOLF, *op. cit.*, p. 47.
11. Jean-Louis GASSE, « Les deux versions, latine et allemande, du traité *De la liberté du chrétien* », 2001, p. 432.
12. Le lecteur curieux d'en savoir un peu plus sur les « personnages » de la *Lettre ouverte* se reportera à l'annexe.
13. « Le *Septembertestament*, dont le tirage est estimé, suivant les sources, entre 2000 et 5000 exemplaires, fut épuisé dès le début du mois de décembre 1522. » (Catherine DEJEUMONT, « Le *Septembertestament* (1522). Martin Luther et la langue allemande », 2001, p. 184, note 1.)

docteur Jonas ou pour Melanchthon ou pour l'université tout entière. Car [eux] sont capables de le lire eux-mêmes dans la Bible. [L]orsque l'on veut prêcher devant des savants et ne donner que [des leçons brillantes], alors le pauvre peuple reste là [comme une poule qui aurait trouvé un couteau].[14]

Quand Luther conseille d'écouter parler les gens du commun, son intention est non pas d'inciter à « faire peuple » en utilisant un lexique parfois grossier (même s'il ne se prive pas d'être ordurier lorsqu'il répond à ses adversaires, lesquels ne sont pas tendres à son endroit non plus), mais de transmettre un message clair, sans formules alambiquées ni « charabia intellectualisant ». Cette idée est chère à son cœur, puisqu'elle a été consignée dans les *Propos de table* :

Saint Jean l'évangéliste parle majestueusement avec des mots très simples lorsqu'il dit « Au commencement était le Verbe, et le Verbe était avec Dieu, et le Verbe était Dieu, et ce Verbe était au commencement avec Dieu. Toutes choses ont été faites par le Verbe, et rien de ce qui a été fait n'a été fait sans lui. En lui était la vie, et la vie était la lumière des hommes, et la lumière brille dans les ténèbres, et les ténèbres ne l'ont point comprise. »

Vois la simplicité des mots qu'emploie l'évangéliste pour décrire en un éclair Dieu, le Créateur, et aussi les créatures. Si un philosophe ou un érudit devait décrire cela, il sortirait

14. Passage cité in : Marie-Noëlle FAURE, *Luther et la Réforme*, 2016, p. 92. Nous reproduisons sa traduction après y avoir apporté quelques menues corrections, notamment en ce qui concerne l'expression idiomatique « *dastehen wie eine Kuh vorm neuen Tor/vorm Scheunentor* ». Voici le texte original tel que le donne M.-N. FAURE (sans préciser sa source) : « *Wenn ich auf die Kanzel komme, so beabsichtige ich, nur den Knechten und Mägden zu predigen. Um Doktor Jonas oder Melanchthon oder um der ganzen Universität willen wollte ich nicht ein einziges Mal auftreten. Denn sie können's sonst in der Schrift wohl lesen. Wenn man aber den Hochverständigen predigen und bloss Lehren und Meisterstücke von sich geben will, so steht das arme Volk da wie eine Kuh.* »

des mots tonitruants, bizarres, ampoulés, grandiloquents, il pontifierait *de ente et essentia* à propos d'une chose et d'un être même, et assénerait la force et la puissance de Dieu et du Ciel, de sorte que personne n'y comprendrait goutte.[15]

Rappelons que Luther n'est pas, et de loin, le premier à avoir traduit la Bible en allemand[16]. Ce qui distingue Luther de ses devanciers, c'est qu'il se fonde non pas sur la Vulgate, mais sur les textes originaux et qu'il propose

une traduction non plus linéaire, mais exégétique. Enfin, s'il est docteur en théologie, chargé depuis 1513 d'enseigner et de commenter l'Écriture, Martin Luther est également prédicateur et pédagogue – deux qualités qui marquent tous ses textes et qui contribueront à asseoir sa notoriété.[17]

15. « *Sanct Johannes der Evangelist redet mit sehr einfältigen Worten majestätisch, als da er spricht : "Im Anfang war das Wort, und das Wort war bey Gott, und Gott war das Wort, dasselbige war im Anfang bey Gott. Alle Ding sind durch dasselbige gemacht, und ohn dasselbige ist nichts gemacht, was gemacht ist. In ihm war das Leben, und das Leben war das Licht der Menschen, und das Licht scheinet in der Finsterniß, und die Finsterniß habens nicht begriffen".*
Siehe, wie mit sehr einfältigen Worten er Gott, den Schöpfer, und auch die Creaturen, als mit einem Blitz beschreibet. Wenn ein Philosophus *und Hochgelehrter solchs sollt beschreiben, wie würde er mit wünderlichen, schwülstigen, hochtrabenden Worten heraus fahren und schmettern,* de ente et essentia, *von einem Dinge und Selbstwesen, von göttlicher und himmlischer Kraft und Macht, daß man also nichts verstehen könnte.* » (WA TR 2, p. 354, n° 2779b).
16. Voir Catherine [A.] BOCQUET, *L'art de la traduction selon Martin Luther, ou lorsque le traducteur se fait missionnaire*, Arras, 2000, p. 23 (données chiffrées fondées sur Herbert WOLF, *Martin Luther. Eine Einführung in germanistische Luther-Studien*, 1980, p. 139 et Marc LIENHARD, *Martin Luther, un temps, une vie, un message*, 1983, p. 316).
17. Catherine DEJEUMONT, « Le *Septembertestament* (1522). Martin Luther et la langue allemande », 2001, p. 170 (qui fait référence notamment à l'article de Bernd MOELLER, « Das Berühmtwerden Luthers », in : *Zeitschrift für historische Forschung* 15 (1988), p. 65-92).)

Le souci de parler et d'écrire de manière accessible pour l'homme du commun se manifeste en sus par le choix de s'exprimer non pas en latin, qui est la langue des savants, mais en allemand. Il se trouve que la langue maternelle de Luther est une variante de la langue allemande facilement accessible à la plupart des Allemands : « l'allemand de Thuringe et de Saxe [est] un allemand à la croisée des chemins, entre le bas-allemand (*niederdeutsch*) et le haut-allemand (*oberdeutsch*), entre le Nord et le Sud de l'Allemagne[18] ». La langue qu'emploie Luther est le résultat de la fusion qu'il a opérée entre deux langues

> dont il lui fallait accorder en lui et fondre les disparates : deux métaux défectueux dont il lui fallait faire un seul métal, solide, souple, bien trempé. Ici, la forte langue, la rude et grosse langue des gens du peuple, triviale, épaisse, mais charriant tout un flot d'images et de nourritures. Là, la langue froide, artificielle, alambiquée de l'administration, la langue dont usait depuis le XIVe siècle la chancellerie saxonne. [C'est dire qu'il lui fallait, en n'ayant pour se guider que son instinct, son sens de ce qui est allemand ou ce qui ne l'est pas,] accorder les deux idiomes, chercher le mot juste, la tournure naturelle et simple, la tournure vraiment allemande, celle qui permettra aux hommes du peuple allemand d'aborder, de comprendre la parole du Christ comme l'enfant entend, comprend la parole de sa mère – *wie die Mutter mit ihren Kindern spricht* [...][19]

Luther lui-même ne présente pas cette fusion entre divers idiomes comme une œuvre novatrice, puisqu'il considère que c'est là le lot de toute langue vivante dès lors que le peuple qui la parle entre en relation avec d'autres peuples[20]. Le Réformateur parvient à toucher un public

18. Marie-Noëlle FAURE, *Luther et la Réforme*, 2016, p. 92.
19. Lucien FEBVRE, *Martin Luther, un destin*, [1928] 1995, p. 130.
20. « *Omnes linguae inter se sunt mixtae, quia, quia regiones inter se sunt vicinae, inde invicem a se mutuantur aliqua vocabula. Bohemica*

vaste aussi bien géographiquement que sociologiquement, car il a le souci de s'adresser en priorité à ceux qui n'ont pas fait d'études : il évite autant que faire se peut les termes abstraits, et donne la préférence dans ses prédications et dans sa traduction de la Bible à un vocabulaire inspiré de celui qu'emploient « la mère dans son foyer, [les] enfants dans les rues, [et] l'homme du peuple au marché »[21].

Tirant parti de la souplesse avec laquelle la langue allemande peut créer des mots nouveaux, il n'hésite pas à forger des néologismes et des tours expressifs, car il sait que son public les comprendra sans devoir recourir à une documentation lexicographique. Des exemples ? « *Schreihals* » [gorge qui crie] – braillard –, « *Beuteldrescher* » – coupeur de bourses – « *Fegefeuer* » [feu purificateur] – purgatoire –, « *Feuertaufe* » – baptême de feu –, « *Bluthund* » – monstre sanguinaire –, « *Selbstverleugnung* » – [négation de soi] abnégation –, « *Gewissensbisse* » [morsures de la conscience] – remords – [...], « *ein Buch mit sieben Siegeln* » – un livre aux sept sceaux –, « *die Zähne zusammenbeissen* » – serrer

lingua maxime Scythica est. Hebraea lingua lapsa est post captivitatem Babilonicam, ita ut restaurari non potuerit, sed plerique Chaldaice locuti sunt, et tamen corrupte, sicut Itali Latine. Ego Martinus Lutherus neque Graece neque Hebraice calleo, wiel dennoch einem Hebraeo und Graeco tzimlich begegenen. [...] Nullam certam linguam Germanice habeo, sed communem, ut me intelligere possint ex superiori et inferiori Germania. Ich rede nach der Sechsischen cantzley, quam imitantur omnes duces et reges Germaniae ; alle rechstette, fürsten höfe schreiben nach der Sechsischen cantzeleien unser churfürsten. Ideo est communissima lingua Germaniae. Maximilianus imperator et elector Fridericus imperium ita ad certam linguam definierunt, haben also alle sprachen in eine getzogen. [...] » (WA TR 2, p. 639-640, n° 2758b).

21. *Cf.* Robert STEINER, « Die Lutherbibel und ihre Revision », 1961, p. 71 : « *Man darf [...] nicht übersehen, daß Luther sich nicht deshalb auf die Mutter, die Kinder und den Mann auf dem Markt beruft, weil er von ihnen seinen Wortschatz erhalten habe, sondern weil sie ihm so wertvoll sind für den Stil, in dem er spricht und – übersetzt. In der Sprache des einfachen Mannes finden sich z. B. wenige abstrakte Begriffe. Auch Luther vermeidet sie, wenn es nur eben möglich ist.* »

les dents –, « *der Wolf im Schafspelz* » – le loup sous une peau de mouton –, etc.[22]

L'une des manières de conserver l'attention de ses ouailles est bien évidemment de parler une langue concrète et imagée, et à cet égard Luther s'est donné les moyens d'être efficace : il connaît comme personne les proverbes et les expressions idiomatiques : lecteur assidu des *Adagia* publiés vers 1500 par Érasme, ainsi que des recueils de locutions allemandes publiés par Agricola (en 1529 et en 1532) et par Sebastian Franck (en 1541), il est à ses heures lui-même parémiographe. On ne sait pas si le Réformateur avait l'intention de publier à son tour un recueil de proverbes et de « façons de parler » (*Redensarten*) ; toujours est-il qu'il a constitué un cahier[23] de trente-quatre pages réunissant près de cinq cents proverbes ou expressions idiomatiques, et qu'il utilise bon nombre des *items* de cette collection dans sa retraduction des fables d'Ésope, à laquelle il a travaillé en 1530, qui est aussi l'année de la rédaction de la *Lettre ouverte sur l'art de traduire*. On ne s'étonnera pas de voir ce traducteur hors pair[24] qu'a été Luther s'intéresser aux expressions idiomatiques et aux proverbes, car ce sont autant de pierres de touche qui révèlent la maîtrise d'une langue.

Quand Luther conseille au traducteur d'« écoute[r] comment parle leur bouche et [d'en tenir] compte en traduisant » et qu'il conclut : « C'est ainsi qu'ils vous comprendront et verront que vous leur parlez leur langue », il préfigure des réflexions comme celle que voici : « Le peuple,

22. Exemples mentionnés in : Marie-Noëlle FAURE, *Luther et la Réforme*, 2016, p. 57 et 92.
23. Cet opuscule ne sera publié qu'en 1900 sous la direction d'Ernst Thiele, un théologien qui a participé à l'édition de Weimar, sous le titre *Luthers Sprichwörtersammlung*. *Cf*. bibliographie ; voir aussi Catherine [A.] BOCQUET, *L'art de la traduction selon Martin Luther, ou lorsque le traducteur se fait missionnaire*, Arras, 2000, p. 52-55.
24. Voir, dans notre notice sur Luther en annexe, la définition du « grand traducteur » par A. BERMAN.

et non les doctes, l'usage, et non la grammaire raisonnée ou logique, font la langue et créent les locutions qui en sont l'un des éléments les plus vivants et les plus vifs[25]. » Luther sait qu'en s'inspirant de cette « sagesse du peuple » pour traduire la Bible ou pour bâtir une prédication, il parviendra à faire passer le message auprès des gens du commun. C'est ainsi qu'il prend au pied de la lettre l'image très concrète de Jean 12:24 (« si le grain ne meurt ») et file la métaphore agricole pour mettre son exégèse à la portée de son auditoire, lui expliquant que les morts sont des semences que Dieu lui-même sème dans son jardin céleste, et que la mort n'est donc pas fin et putréfaction, mais point de départ d'une vie nouvelle qui prendra racine et portera du fruit en abondance.

Prenons enfin le terme de « cible » dans son sens balistique, et attirons l'attention sur l'incise « comme le font ces ânes [de papistes] », qui rappelle que cette lettre-traité est aussi un texte polémique, qui s'inscrit dans la centaine d'écrits de controverse qu'a produits l'ancien moine d'Erfurt, le plus souvent pour répondre aux « attaques qu'il subit lui-même suite à ses thèses [de 1517] sur les indulgences et à ses écrits de 1520. [Il écrira lui-même] en 1529 : “Je suis né pour guerroyer contre les groupes séditieux et les diables et pour être en campagne. C'est pourquoi mes livres sont si impétueux et si belliqueux” (WA 30 /II, p. 68, lignes 12-13)[26] ».

Le passage cité en ouverture de cette introduction nous a permis de faire ressortir les points saillants des réflexions de Martin Luther sur la traduction ; la lecture des deux écrits présentés dans ce volume sera l'occasion de découvrir une pensée traductologique (nous assumons le caractère évidemment anachronique de ce qualificatif) bien plus complexe, et donc plus stimulante, que la seule proclamation d'un

25. Maurice RAT, *Dictionnaire des locutions françaises*, 1957, « Introduction », p. XV.

26. Marc LIENHARD, *Luther. Ses sources, sa pensée, sa place dans l'histoire*, 2016, p. 237.

« credo cibliste » de la part de celui qui, voici cinq cents ans tout juste, est allé jusqu'à modifier son patronyme pour manifester sa liberté.

*

* *

En cette année du cinquième centenaire de la Réforme protestante, le 31 octobre est mis en exergue parce que c'est le jour (veille de la Toussaint) où, selon une image devenue mythique dans l'historiographie allemande, mais contestée depuis les années 1960[27], Martin Luther aurait affiché sur la porte de l'église du château de Wittemberg ses quatre-vingt-quinze thèses sur les indulgences. Ce même 31 octobre 1517, il envoie ce document à l'archevêque Albert de Brandebourg (qui est aussi le prince-électeur de Mayence) en y joignant une lettre « courtoise, pleine d'humilité mais aussi de fermeté[28] » signée non plus « Martin Luder » selon son nom de naissance[29], mais « Martin Luther », un nom qu'il a lui-même inventé à partir du grec ἐλευθερία [*eleutheria,* liberté, indépendance]. « Étymologiquement, ce mot remonte au grec "eleutheros" : Luther se sent libre à l'égard de la théologie scolastique ![30] ». Il avait « pour ainsi dire "trouvé Luther" dans "*eleutheria*" et il interprétait son nom comme "le libéré", "l'affranchi". Par analogie avec l'apôtre Paul, il se comprenait comme le serviteur affranchi en Christ, devenu libre en Christ. Ce faisant, Luther hellénisait son nom, d'une

27. « Aujourd'hui, il semble admis que Luther a simplement envoyé son argumentation contre les indulgences à ses supérieurs, la voie normale à l'époque. Rappelons qu'en 1517, Luther souhaite des changements dans l'Église[, mais] ne vise pas du tout à rompre avec Rome. » (*La Vie protestante*, Genève, septembre 2016, p. 15)
28. Marie-Noëlle FAURE, *Luther et la Réforme*, 2016, p. 60.
29. Un patronyme pas très flatteur, puisque *das Luder* signifie « bougresse », « garce », « traînée », ou « salope »…
30. Marc LIENHARD, *Luther. Ses sources, sa pensée, sa place dans l'histoire*, 2016, p.17.

façon qui n'était pas inhabituelle parmi les humanistes[31]. » Cette décision de modifier son nom est si fondamentale aux yeux des luthérologues du XXIe siècle que l'auteur d'une biographie récente « prend le parti d'appeler Martin Luther "Martin Luder" jusqu'au 31 octobre 1517[32] ».

Si l'on chausse les lunettes du traductologue, on est bien entendu tenté de faire le lien entre cette manifestation de liberté et la liberté du traducteur qui ne se laisse pas brider par les mots du texte-source, une attitude traductive typiquement cibliste que l'on peut déduire de la formule paulinienne « [...] *littera enim occidit, spiritus autem vivificat*[33] ».

Luther exprime ses convictions en matière d'agir traductif dans les deux grands écrits qui font l'objet du présent volume, ainsi que dans les *Propos de table* (*Tischreden*)[34],

31. Thomas KAUFMANN, « Les "95 thèses" : le séisme de 1517 », 2017, p. 41.
32. Heinz SCHILLING, *Martin Luther, Rebell in einer Zeit des Umbruchs*, Munich, 2014, cité par Marie-Noëlle FAURE, *Luther et la Réforme*, 2016, p. 60.
33. « En effet, la lettre tue, mais l'esprit vivifie. » (2 Corinthiens 3:6). Jean-René LADMIRAL a fait de cette formule l'épigraphe de *Sourcier ou cibliste*, 2014, p. 250 et *passim*.
L'opposition « lettre/esprit » correspond chez Luther à l'opposition « par les œuvres/par la foi » : « *[...] Dem "buchstaben" entsprechen nach theologischem begriff gesetz und werke, dem "geiste" die gnade Gottes ohne gesetz und verdienst, denn nach andern sprichwörtern ist "der buchstabe ein sclave" und "hält der buchstab dich gefangen, kannst du nicht zum geist gelangen"* ». (Wolfgang MIEDER (dir.), *Die biblischen Sprichwörter der deutschen Sprache*, 1987, p. 176.)
34. Les *Propos de table*, qui ont marqué durablement l'imagerie populaire de Luther et qui ont été publiés en 1566 de manière posthume, ne sont pas à proprement parler des écrits de Martin Luther, puisqu'il s'agit de notes prises (en allemand et/ou en latin) par les disciples de Luther, de 1529 à la mort du Réformateur en 1546. « Dans une parole libérée et insouciante, "aussi proche du monologue intérieur que de la conversation après boire" (Pierre Chaunu), Luther y aborde tous les sujets : du pape à la musique, de la justification au baptême, du purgatoire à la ville de Rome. Il y parle aussi du diable, des "croyances populaires", et multiplie les anecdotes exemplaires les plus vives et enjouées. » (Jacques BERLIOZ, « À table avec Luther », 2017, p. 28).

et il ne se prive pas de les chanter sur tous les tons. La *Lettre ouverte sur l'art de traduire* commence très calmement dans le style épistolaire : « Grâce et paix en Christ, digne et prudent seigneur, cher ami ; j'ai bien reçu la lettre dans laquelle vous me soumettez deux questions. » Il faut voir là un procédé littéraire, le destinataire (désigné par l'initiale N.) étant sans doute fictif, conformément à une pratique courante à la Renaissance. Cette *Lettre ouverte* est à la fois apologétique (Luther y justifie ses choix traductifs) et polémique (il rend sans ménagement les coups qu'il a reçus des « papistes »).

Vient ensuite une salve d'exclamations vigoureuses, heureusement contrebalancées par des formules plus apaisées. Qu'on en juge en parcourant les deux écrits de Luther sur la traduction :

Sarcastique : « Les quatre lettres qui forment le mot *sola*, c'est vrai, ne figurent pas dans l'original. Ces ânes bâtés restent plantés là devant ces quatre lettres aussi éberlués qu'une poule qui aurait trouvé un couteau. » Et : « [...] ces ergoteurs qui, peu soucieux de la manière dont un Allemand comprendra le texte traduit, conservent les mots avec une exactitude rigoriste et produisent un discours inintelligible. »

Moqueur : « Le bel allemand que voilà ! [...] aucun Allemand ne comprend ce qui est dit [...] Quelle brillante traduction nous aurions là ! »

Défensif : « [...] nous n'avons rien retranché au sens du texte, nous avons restitué les mots sans ambiguïté. » Et : « la grammaire de l'hébreu permet d'ailleurs cette lecture, à moins que certains n'y ajoutent arbitrairement des points-voyelle de leur invention. »

Prévenant : « Considérant toutefois que parmi nos contemporains et plus encore dans les générations à venir, un grand nombre de chrétiens [...] non praticiens de la traduction risquent d'être ébranlés, voire fâchés [...] » Et : « Pour éviter de dérouter nos lecteurs [...], nous avons voulu

éclaircir ce passage en le rendant conforme aux manières de dire propres à la langue allemande. »

Pédagogique : « [...] nous voulons [...] montrer, exemples à l'appui, que notre traduction ne résulte ni d'une méconnaissance des langues, ni de l'ignorance des gloses rabbiniques, mais qu'elle est le fruit de choix mûrement réfléchis. » Et : « [il faut] saisir le sens [...] et s'interroger en ces termes : "Voyons, que dirait un Allemand dans cette situation ?", [puis] exprimer le sens librement, dans le meilleur allemand que l'on connaisse. »

Pédagogique et railleur à la fois : « J'ai voulu parler l'allemand, et non pas le latin ou le grec, puisque j'ai entrepris de traduire en allemand. » « Mais est-ce là une phrase allemande ? Quel est l'Allemand qui s'exprimerait en ces termes ? » Et : « À quoi bon calquer les mots de l'original avec une rigueur tatillonne s'il en résulte un discours sans queue ni tête ? »

Donnant des conseils à rebours : « Si, appliquant les méthodes de certaines bourriques, je mettais en allemand les paroles de l'ange mot à mot, je devrais dire "[...]" »

Condescendant : « [...] tous les instituteurs l'enseignent : ce n'est pas le sens qui doit suivre et servir les mots, mais les mots qui doivent être au service du sens. »

Énonçant un précepte : « Un traducteur se doit de disposer d'un vocabulaire riche et varié, afin d'avoir à portée de plume le mot qui convient lorsqu'aucun autre ne peut être utilisé dans un passage donné. »

Accusateur : « Il n'est qu'un calomniateur, et calomniateur il restera. »

Provocateur : « [...] j'aimerais bien qu'ils prennent un seul petit mot presque ordinaire, *ḥen*, et qu'ils m'en donnent une bonne traduction. Je lègue cinquante pièces d'or à celui qui réussira [...] »

Rageur : « Que ceux qui n'aiment pas notre ouvrage le laissent là où il est. » Et : « peu nous chaut l'accueil que feront à notre ouvrage les donneurs de leçons. »

Consciencieux : « […] notre version précédente [publiée en 1524], qui calquait les mots de l'original, était "…", mais cette [formulation] n'est guère parlante pour un Allemand […]. Nous avons donc [dans notre version de 1531] abandonné les mots du texte hébraïque pour dire en bon allemand […] »

Ironique : « C'est ainsi qu'ils vous comprendront et verront que vous leur parlez leur langue. »

Fâché : « […] une négligence coupable de messieurs mes imprimeurs[35] : une fois de plus, cette corporation s'illustre par son manque de sérieux. »

35. Les relations de Luther avec les imprimeurs sont assez complexes. Tout d'abord, ce sont eux qui, juste après le 31 octobre 1517, ont déclenché la Réforme en prenant l'initiative (sans consulter Luther) de traduire les quatre-vingt-quinze thèses du latin en allemand pour leur assurer une large diffusion. On peut donc dire avec M.-N. FAURE (*Luther et la Réforme*, 2016, p. 28) : « Ce sont eux qui le [= Luther] propulsent sur la scène politico-religieuse. » Mais une fois que le mouvement est lancé et que Luther en assume pleinement la responsabilité, il va tirer parti de l'imprimerie pour faire connaître des idées qui (en 1415) avaient valu à Jan Hus de finir sur le bûcher. (*cf.* Michel GRANDJEAN, « Pourquoi a-t-il réussi (là où Hus a échoué) ? », 2017, p. 66-68 et Frédéric BARBIER, « La Réforme luthérienne et les livres », 2001, p. 324). « Presque deux tiers des éditeurs-imprimeurs allemands, quarante-cinq sur soixante dix, sont acquis à la cause luthérienne. Entre 1518 et 1525, années où Luther est le plus productif, ses écrits représentent un tiers des publications en Allemagne. Les éditeurs-imprimeurs censurent les pamphlétaires antiluthériens, qui ont de plus en plus de difficultés à publier leurs œuvres dans l'Empire allemand. » (Marie-Noëlle FAURE, *Luther et la Réforme*, 2016, p. 28). On raconte aussi que les imprimeurs Lotter, Lufft et Schirlentz ont offert à Luther de lui verser chacun 400 florins de « droits d'auteurs » par an, car le commerce qu'ils faisaient des écrits du Réformateur leur avait rapporté beaucoup d'argent. Mais Luther a refusé cette ressource, alors que son foyer avait parfois du mal à joindre les deux bouts (d'après Asta SCHEIB, *Kinder des Ungehorsams*, [1985] 1996, p. 171 et p. 218). Enfin, les imprimeurs étant eux-mêmes lettrés, ils se permettent d'intervenir sur les textes qui leur sont confiés pour publication, d'où la colère qu'exprime Luther dans ce passage de la *Brève présentation des psaumes et explications sur la façon de les traduire* (WA 38, p. 10, l. 18-20).

Haineux : « Mais des Juifs[36] ont participé à leurs travaux, qui ne se sont pas montrés très dévots à l'égard du Christ ; et pourtant, il y avait là assez de savoir-faire et de zèle. »

Révolté : « Comment se fait-il que nous soyons les seuls à qui l'on cherche des poux sur la tête [...] ? [...] Pourquoi donc se montrent-ils si féroces, si intraitables, alors même qu'ils trouvent dans notre travail beaucoup de qualités qu'ils ne trouvent nulle part ailleurs ? »

Confiant dans la qualité du travail accompli : « Mais le temps viendra, et ce que Dieu plante est fait pour durer. »

Humble : « Même si j'avais traduit mille fois plus et mille fois mieux que je ne l'ai fait, je n'aurais pas été digne de vivre ou d'être en bonne santé ne serait-ce qu'une heure [...] »

Voilà pour la forme. S'agissant du contenu, il apparaît clairement que le « credo traductologique » du Réformateur est avant tout cibliste. Avant tout, mais pas exclusivement, comme il l'énonce en brocardant ses détracteurs dans la *Brève présentation des psaumes et explications sur la façon de les traduire* :

> Je parie qu'ils exerceront leur art en soulignant que nous avons loué la règle selon laquelle il convient tantôt de calquer les mots de l'original, tantôt d'en restituer seulement le sens.

36. Les écrits antijudaïques de Luther (qui était déçu de n'avoir pas réussi à persuader un grand nombre de Juifs de se convertir au christianisme) ayant été exploités par la propagande antisémite des nazis – on pense en particulier à la récupération du pamphlet terrifiant *Von den Juden und ihren Lügen* (1543) – nous ne pouvons pas ne pas attirer l'attention de nos lecteurs sur cette remarque qu'éructe Luther dans la *Lettre ouverte* à propos de la traduction des Prophètes par Hans Denk [ou Denck] et Ludwig Hätzer [ou Hetzer]. Cette haine est d'autant plus intolérable que nombre d'hébraïsants chrétiens de la Renaissance devaient toute leur science à leurs contacts avec des Juifs vivant en Europe.
Lire à ce propos : Thomas KAUFMANN, *Les Juifs de Luther*, 2017 ; Jean-François BERGER, « Les zones d'ombre de Martin Luther », 2016, p. 16 ; et Pierre SAVY, « Était-il antisémite ? », 2017, p. 30-33.

> Leurs élucubrations et leurs chicanes consisteront d'abord à nous reprocher de n'avoir pas appliqué ladite règle de la bonne façon ou au bon moment […][37]

Les deux grands écrits sur la traduction présentés dans ce volume montrent sans ambiguïté que la théorie que défend Luther est pour l'essentiel cibliste. La position contraire, c'est-à-dire sourcière, apparaît également, quoique de façon seulement sporadique. Or, cette « théorie sourcière » de Luther est bien souvent passée sous silence par les historiens des théories de la traduction. C'est ce que font par exemple Jean Delisle et Judith Woodsworth, les codirecteurs de l'ouvrage intitulé *Les traducteurs dans l'histoire* (1995, p. 57-62). Michel Ballard fait figure d'exception à cet égard, puisque dans son *De Cicéron à Benjamin*, il évoque (p. 143) le littéralisme occasionnel de Luther.

Si Luther est cibliste en traduction, c'est d'abord pour remplir son rôle de prédicateur :

> Il faut comprendre la langue pour être en mesure de comprendre la matière. Une chose est sûre : ce qui compte pour Luther, c'est toujours la matière, le sens du texte ; il peut donc parfois se détacher des mots du texte-source, c'est-à-dire renoncer à produire une version identique sur le plan formel, puis restituer le sens.[38]

Luther exploite toutes les ressources lexicales et expressives de la langue-cible car, comme le dit Heinz Bluhm dans un style presque luthérien :

37. WA 38, p. 17, l. 6-9.
38. « *Nur wo etwas sprachlich verstanden wird, da kann auch die Sache verstanden werden. Denn daran ist festzuhalten : Es geht Luther stets um die Sache, um die Meinung des Textes und deshalb kann es nötig sein, "die Worte fahren zu lassen", d. h. die formale Gleichheit bei der Übersetzung aufzugeben und dafür den Sinn zu geben.* » (Klaus Dietrich FRICKE, « "Dem Volk aufs Maul schauen". Bemerkungen zu Luthers Verdeutschungsgrundsätzen », 1978, p. 104)

> Le texte est roi, alors que la traduction n'est qu'une humble servante qui s'emploie à servir fidèlement son maître. Mais cette servante énonce avec force son droit de s'exprimer dans sa langue maternelle.[39]

Pour ne pas désarçonner les lecteurs de sa traduction, Luther n'hésite pas à adapter certaines métaphores[40] parce qu'elles ne renvoient à rien (ou à autre chose) dans la culture allemande, à remplacer la description d'une coutume[41] propre à la culture-source par une autre, plus conforme à la culture-cible, et à modifier des relations syntaxiques ou des personnes verbales[42] en expliquant qu'en hébreu, un seul et même antécédent peut être remplacé par des pronoms de diverses personnes verbales, ou encore à contester la lecture du texte hébraïque par les grammairiens juifs. Toutes ces libertés par rapport à la lettre du texte-source, Luther les prend pour donner de l'ensemble des Écritures une lecture centrée exclusivement sur le Christ, restant insensible au fait que les textes de l'Ancien Testament ne sauraient avoir, pour les Juifs, la fonction d'annoncer le Nouveau Testament. On voit ainsi

39. « *The text is king, the translation only a humble but faithful handmaiden bent upon serving her master. But this handmaiden insists on the privilege of talking in her own idiom, "wie ihr der Schnabel gewachsen ist".* » (Heinz BLUHM, *Martin Luther : Creative Translator*, 1965, p. 130).
40. Psaume 63:6.
41. Ainsi dans le Nouveau Testament, la version allemande de Luther présente les disciples *assis* à table, alors que le texte original grec (Jean, 13:23 et Matthieu 9:19) dit qu'ils sont *couchés*. Cet exemple est signalé par Herbert WOLF (*Martin Luther. Eine Einführung in germanistische Luther-Studien*, 1980, p. 103), par Marc LIENHARD (*Martin Luther, un temps, une vie, un message*, 1983, p. 317) et par Catherine DEJEUMONT (« Le *Septembertestament* (1522). Martin Luther et la langue allemande », 2001, p. 176) ; on peut d'ailleurs se demander si Jésus et ses disciples étaient allongés sur des tricliniums ! Il n'est donc pas impossible que les évangélistes aient eux-mêmes procédé à une adaptation culturelle des faits qu'ils relatent.
42. Psaume 91:9.

à quel point Luther endosse ici le rôle non seulement de traducteur, mais aussi de prédicateur et de missionnaire[43].

Luther va parfois très loin dans son désir de produire un texte compréhensible par tous : ainsi, dans sa *Lettre ouverte sur l'art de traduire*, il conteste la formule pourtant bien lexicalisée (et calquée sur la version de la Vulgate) de « Marie pleine de grâces » (Luc 1:28), la jugeant trop éloignée de la manière allemande d'exprimer la tendresse : il affirme qu'un germanophone sait goûter toute la tendresse contenue dans la formule « ma chère Marie ». Sensible toutefois à la nécessité d'employer une langue plus solennelle dans un texte sacré, Luther propose, dans le *Septembertestament* (1522), « *du holdselige* » [toi la bienheureuse][44]. Il modifiera sa traduction par la suite, remplaçant « *du holdselige* » par « *du begnadete* » [toi qui as reçu la grâce de Dieu], ce qui est plus proche de la forme originelle grecque. Il convient de souligner ici que les variantes allemandes successivement proposées par Luther constituent une prise de position théologique[45] : en disant « *Marie pleine de grâce* », on fait de la grâce divine une

43. Katharina REISS dit que seule la « visée missionnaire » qui motivait Luther dans son travail de traduction rend acceptable l'uniformisation de la Bible pour en faire un texte d'un seul tenant ; elle cite d'ailleurs Goethe (*Dichtung und Wahrheit*, III, 11) dans *Möglichkeiten und Grenzen der Übersetzungskritik*, 1971, p. 96-98. Version française (voir Bibliographie) : p. 121-124.
Selon Katharina Reiss, c'est cet objectif prosélyte qui permet de considérer l'unité stylistique de la Bible de Luther comme une qualité. À l'inverse, si l'objectif poursuivi est de transmettre la poésie, le souffle et la puissance expressive de l'hébreu, les critères selon lesquels on jugera du résultat seront tout à fait différents.

44. WA 30/II, 638, 18 ; à mesure que Luther avance dans sa traduction des Écritures, il prend conscience de la nécessité d'un style châtié pour traduire un texte sacré ; c'est cette prise de conscience qui motive, selon Herbert WOLF (*Martin Luther. Eine Einführung in germanistische Luther-Studien*, 1980, p. 106), une bonne partie des modifications lexicales et stylistiques que Luther a apportées par la suite à sa *Bibelverdeutschung*.

45. Il semble peu connu que Luther a commenté sa manière de rendre en allemand la salutation de l'Ange non seulement bien avant 1530,

qualité intrinsèque de Marie ; à l'inverse, lorsqu'il dit « *toi qui as la faveur de Dieu* »[46], Luther « laisse Dieu être Dieu » et remet Marie à sa place d'être humain.

Pourquoi Luther a-t-il, dans le *Septembertestament*, traduit Luc 1:28 par « [...] *Gegrusset seystu holdselige* [...] » ? Ce choix traductif s'explique par deux motivations :

> [...] il faut certes préserver l'intelligibilité de la parole, mais – et c'est sans doute sur ce point que la réaction fut si vive – il convient également, pour Luther, de « désacraliser » la Vierge, et, par cette formulation profane, de bloquer toute velléité d'interprétation de ce passage comme confirmant la croyance populaire selon laquelle la Vierge dispense la grâce divine. Pour Luther, la Vierge n'est pas une divinité, et ne doit plus être abordée que comme une jeune fille aimable, même si elle conserve son statut de mère du Christ. Cette traduction innove donc, choque sans aucun doute, et surtout, elle est significative de la démarche de Luther interprète et traducteur de l'Écriture[47].

Dans son ouvrage intitulé *Martin Luther : Creative Translator* (1965, p. 160), Heinz Bluhm cite Luther dans l'un de ses sermons de 1523/24 : « Je te salue, toi qui es pleine de grâce, c'est-à-dire : toi qui as trouvé la grâce après de Dieu, toi à qui Dieu a donné sa faveur, la grâce n'est pas en toi, mais en Dieu ; *gratiosus* [qui est en faveur], *holtselig* [bienheureuse], à qui Dieu et personne d'autre n'accorde sa faveur[48] », et conclut : « [Luther] exprima sans

mais aussi longtemps après la parution du *Sendbrief vom Dolmetschen* (voir H. BLUHM, *Martin Luther Creative Translator*, 1965, p. 151).

46. *TOB*, 1988.
47. Catherine DEJEUMONT, « Le *Septembertestament* (1522). Martin Luther et la langue allemande », 2001, p. 177, qui précise en note notamment que Hieronymus EMSER a commenté ce passage dans son *Aus was grund und ursach Luthers dolmetschung uber das newe Testament dem gemeinen man billig verbotten worden sei* (1523).
48. « *Ave gratia plena, id est : quae invenisti gratiam apud Deum, cui favet Deus, gratia non in te est, sed in Deo, gratiosus* holtselig, *cui Deus et nemo non favet.* » (WA 24, p. 569, 70)

ambiguïté que la grâce dont il est question ici est nécessairement la grâce divine, qui est accordée à Marie, laquelle en est l'humble bénéficiaire[49]. » Plus loin, Heinz Bluhm cite encore Luther expliquant en 1539 que la formule *vol genaden* donne trop d'importance à Marie (WA 47, 703) : « *quod voluerunt gratiam per ipsam quaerere et collocabant matrem super filium* » (« c'est pourquoi ils voulurent demander la grâce pour Marie elle-même et placèrent donc la mère au-dessus de son Fils »).

Luther revient une dernière fois sur la question de l'Ave Maria en 1544, dans la *Hauspostille*, critiquant le culte de la Vierge, culte qui selon lui détourne les fidèles du Christ, et utilisant cette fois-ci la double formule « *du holdselige oder begnadete* ». Citons encore le commentaire de Heinz Bluhm :

> Il est assez clair que *begnadete* est plus satisfaisant que *holdselige*. En effet, *κεχαριτωμένη* est, en grec, un participe passé passif : cela signifie que la grâce est descendue sur Marie. La traduction définitive de Luther (si l'on peut la qualifier ainsi) exclut sans aucun doute le risque d'une mauvaise interprétation selon laquelle Marie elle-même pourrait accorder la grâce aux autres. Or, l'expression « pleine de grâce » (*voll gnaden*) conduirait à une telle lecture fautive.[50]

On l'a vu, le théologien de Wittemberg opère principalement sur le mode cibliste ; on est donc assez surpris lorsque tout à coup, et sans transition, il expose des options clairement sourcières. N'oublions pas que les grands écrits de Luther sur la traduction parlent de l'art de traduire les textes sacrés, même si en 1530, précisément durant la période où il a rédigé sa *Lettre ouverte*, il travaillait aussi sur Ésope[51].

49. H. BLUHM, *op. cit.*, 1965, p. 164 (notre traduction).
50. *ibid.*, p. 165.
51. Dès son arrivée à Cobourg, dans ce qu'il appellera son désert (dans ses lettres rédigées en allemand, il écrit « *Aus der Einsamkeit* », et « *ex eremo* » dans sa correspondance latine), parce qu'il attend avec impatience et quelque anxiété des nouvelles de la Diète d'Augsbourg,

Un peu plus de huit ans avant qu'il ne rédige sa *Lettre sur l'art de traduire et sur l'intercession des saints*, Luther avait été excommunié (le 3 janvier 1521[52]), puis mis au ban de l'Empire (par l'édit de Worms du 26 mai 1521). Grâce à la protection du prince-électeur Frédéric de Saxe, Luther a pu se cacher au château de la Wartburg, dans les environs d'Eisenach[53], sous la fausse identité de « chevalier Georges » [Junker Jörg]. C'est durant ce séjour (du 4 mai 1521 au 1er mars 1522) que Luther a produit le *Septembertestament*, c'est-à-dire le Nouveau Testament traduit en allemand qui a été publié en septembre 1522. Cette performance lui a valu très tôt d'être considéré comme « un *nouveau Jérôme* : une gravure sur cuivre, souvent attribuée à Wolfgang Stuber et pastiche du *vrai* Jérôme par Albrecht Dürer, le fait voir ainsi.[54] »

Luther a bien sûr étudié les écrits de son lointain devancier en traduction biblique, mais il en est un lecteur plutôt réticent[55] sur le plan de l'interprétation des Écritures, car il se laisse guider de préférence par saint Augustin. Nous limiterons ici notre étude à ce que disent respectivement saint Jérôme (v. 347-420) et Luther de leur démarche de traducteur. Nous l'avons dit, la théorie qu'énonce Luther dans les deux grands écrits sur la traduction présentés dans ce volume semble incohérente, ou à tout le moins contre-intuitive, puisque Luther est pour l'essentiel cibliste,

Luther dresse un plan de travail en trois champs d'activité : premièrement les Psaumes, deuxièmement les prophètes et enfin Ésope. C'est ce qu'il explique dans sa lettre du 24 avril 1530 à Melanchthon (WA Br 5, p. 285-288). L'organisation en trois domaines d'action est un clin d'œil à Matthieu 17:4 (péricope où Pierre propose de dresser trois tentes, une pour Jésus, une pour Moïse et une pour Élie).

52. Pour avoir, le 10 décembre 1520, solennellement et publiquement livré aux flammes la bulle *Exsurge Domine*, dans laquelle le pape Léon X le sommait de se rétracter.
53. *Cf.* Richard STAUFFER, *La Réforme*, [1970] 1988, p. 29, et Lucien FEBVRE, *Martin Luther, un destin*, (1928) 1995, p. 121.
54. Bernard ROUSSEL, « Le *Septembertestament* (1522). Luther et la tradition interprétative », 2001, p. 189.
55. *Cf.* B. ROUSSEL, *op. cit.*, 2001, p. 190.

mais qu'il ne s'interdit pas d'être ponctuellement sourcier. Saint Jérôme, lui, expose une option théorique tout à fait limpide : dans sa célèbre *Lettre à Pammachius*[56], il se déclare cibliste pour la traduction des textes profanes, mais fait une exception pour les textes sacrés :

> [...] non seulement je le confesse, mais je le professe sans gêne tout haut : quand je traduis les Grecs – sauf dans les saintes Écritures, où l'ordre des mots est aussi un mystère – ce n'est pas un mot par un mot, mais une idée par une idée que j'exprime. En cette affaire, j'ai pour maître Cicéron [...][57]

Et saint Jérôme ajoute :

> [...] constamment, et depuis ma jeunesse, ce ne sont pas les mots, mais les idées que j'ai traduits [...][58]

On peut donc dire que pour saint Jérôme, le critère en fonction duquel le traducteur choisit de travailler en cibliste ou en sourcier est très clair : c'est la nature du texte à traduire. L'originalité du Réformateur a été d'aller plus loin que saint Jérôme, lequel s'était déclaré cibliste en ce qui concerne la traduction des seuls textes profanes, et d'étendre aux textes sacrés l'application des principes ciblistes inspirés de Cicéron qu'énonce l'auteur de la *Vulgate*. Le Réformateur réserve la démarche sourcière à des cas très minoritaires et très spécifiques, comme il l'explique dans les deux écrits présentés dans ce volume. On constate que, chaque fois qu'il lui a fallu trancher entre l'idiomaticité de la langue-cible et des arguments théologiques, c'est invariablement la théologie qui l'a emporté. Le Réformateur le dit d'ailleurs

56. Saint Jérôme, *Lettres*, tome III, trad. de Jérôme LABOURT, Paris, Les Belles Lettres, 1953, p. 57-73.
57. *ibid.*, p. 59.
58. *ibid.*, p. 61.

tout haut aussi bien dans la *Lettre ouverte sur l'art de traduire* que dans la *Brève présentation des psaumes et explications sur la façon de les traduire.*

Cette oscillation entre une pratique cibliste et une approche sourcière portant sur tous les textes de la Bible force à s'interroger : le Réformateur est-il incohérent ? Y a-t-il contradiction ? Comme le souligne L. Febvre à propos de la théologie de Luther à ses débuts :

> Contradictions : voilà quatre siècles que le mot est prononcé, quatre siècles que les lecteurs les plus superficiels, les moindres grimauds de théologie, voire, ce qui est plus grave, des hommes doctes et bornés – triomphent sans discrétion des mille démentis qu'en formules claironnantes, Luther, d'une page et d'une année à l'autre, s'est infligés sans compter. Jeu facile. Mieux vaut comprendre que l'Augustin d'Erfurt ou de Wittemberg n'a rien d'un assembleur exact de concepts proprement rabotés.[59]

Celui qui signe « Frère Martin Eleuthère, serviteur et prisonnier[60] » se considère comme « *semper simul peccator justus et poenitens* » [toujours en même temps pécheur, juste et pénitent] ; il formule la doctrine des deux règnes, en vertu de laquelle la liberté du chrétien concerne sa vie spirituelle, et que pour ce qui est du monde matériel et civil, le chrétien doit se soumettre aux puissants d'ici-bas (on a vu les conséquences de cette position en 1524-25, au moment du soulèvement des paysans, qui s'insurgeaient notamment contre le servage). La théologie du Réformateur est « duale », raison pour laquelle il n'est finalement pas si surprenant que Luther traducteur ne

59. Lucien FEBVRE, *Martin Luther, un destin*, [1928] 1995, p. 39.
60. « *Bruder Martinus Eleutherius, ja Knecht und Gefangener allzusehr, Augustiner zu Wittemberg* » (WA Br I, 122, 56 ; lettre du 11 novembre 1517 à son ami Johann Lang ; cité après Marie-Noëlle FAURE, *Luther et la Réforme*, Studyrama, 2016, p. 60 et 69.)

soit pas tout uniment cibliste dans sa théorie (et dans sa pratique) de la traduction. À l'instar de saint Paul, qui n'énonce pas de principes immuables pour la vie des chrétiens[61], Luther théoricien de la traduction n'érige pas l'attitude cibliste en dogme. Dans la *Lettre ouverte*, il évoque le cas de Jean 6:27 « [...] car c'est lui que le Père, qui est Dieu, a marqué de son sceau[62] ». Il aurait été possible, dit Luther, de trouver une formulation plus idiomatique en allemand :

> Pourtant, parfois, pour certains passages où un mot compte particulièrement, il m'est arrivé de ne pas trop m'écarter des mots du texte original : nous nous sommes appliqués, mes collègues et moi, à suivre à la lettre la formulation originale. Dans Jean 6 par exemple, nous aurions pu proposer pour rendre les paroles prononcées par le Christ (« c'est lui que le Père, qui est Dieu, a marqué de son sceau. ») une tournure plus idiomatique en allemand, telle que « C'est lui que Dieu le Père a désigné » ou « C'est à lui que pense Dieu le Père ». Mais j'ai préféré déroger aux habitudes de la langue allemande plutôt que de m'écarter des mots du texte original.[63]

Dans la *Brève présentation des psaumes et explications sur la façon de les traduire,* Luther évoque le Psaume 69, verset 19, qu'il a rendu, en respectant la lettre du texte de David, par « tu as emprisonné la prison ». Selon Luther, l'image du texte hébraïque est plus efficace que ne pourrait l'être une traduction allemande proche des habitudes langagières des Allemands du XVIe siècle. En effet, « tu as délivré ceux qui étaient prisonniers » ne rend, affirme Luther, qu'un aspect de l'image hébraïque, dans laquelle il faut comprendre en plus que le Christ a « aussi emmené et capturé la prison, de sorte qu'elle ne peut ni ne doit

61. *Cf.* p. ex. 1 Corinthiens 10:23-33.
62. WA 30/II, p. 640, l. 22-23.
63. WA 30/II, p. 640, l. 19-25.

plus nous emprisonner, ce qui signifie que Jésus délivre de manière définitive ».

Cette interprétation est riche de conséquences théologiques car, poursuit Luther, « nous devons nous souvenir de cet enseignement pour la consolation de notre conscience, et nous habituer à cette formulation en laissant sa liberté à la langue hébraïque là où elle est plus habile que notre langue allemande[64] ». Luther semble dans cette phrase reprocher à la langue allemande de manquer de ressources lexicales et syntaxiques pour restituer toute la richesse du psaume de David. Le Réformateur feint ici d'oublier qu'une partie de la densité sémantique du texte original découle non pas des qualités intrinsèques de la langue hébraïque, mais des rapprochements exégétiques qu'il fait lui-même (avec Galates 2:19 et Romains 8:3). Or, si ce sont précisément ces rapprochements exégétiques qui rendent intelligible le verset 19 du Psaume 69 même dans le texte original, Luther est fondé à penser qu'aucune traduction idiomatique en allemand ne sera en mesure de communiquer la teneur de ce verset. La solution de la traduction littérale s'impose donc, d'autant plus qu'elle permet de forger une formule lapidaire. Il n'est en outre pas à exclure que Luther ait eu à l'esprit ces adages latins familiers aux juristes[65], formules appréciées pour leur concision, mais dont le sens échappe au profane.

On peut donc dire que cette traduction littérale du verset 19 du Psaume 69 constitue à sa manière une équivalence

64. « *Darum muessen wir zu ehren solcher lere und zu trost unsers gewissens solche wort behalten, gewonen und also der Ebreischen sprache raum lassen, wo sie es besser macht, denn unser Deutsche thun kann.* » (WA 38, p. 13, l. 18-21).

65. Luther a commencé des études de droit avant d'entrer au couvent des Augustins d'Erfurt. Sa formation de juriste apparaît parfois par allusion (p. ex. WA TR 2, p. 190, n° 1710, et *ibid.*, p. 476, n° 2470a, où il mentionne Ulpien ; voir aussi certaines de ses fables in Reinhard DITHMAR (éd.), *Martin Luthers Fabeln und Sprichwörter*, [1989] 1995, *passim*).

dynamique[66], car les hébréophones contemporains de David sont sans doute restés devant ce verset aussi perplexes que les lecteurs de la traduction allemande de Luther. Le message du psalmiste ne devenant intelligible que pour ceux qui font l'effort d'« entrer dans le texte » par l'exégèse, Luther traducteur a sans doute raison d'opter en l'occurrence pour une traduction sourcière. En effet, proposer une formulation-cible idiomatique, c'est prendre le risque d'imposer sa lecture personnelle du verset et, partant, de rendre plus pauvres et moins nombreuses les interprétations possibles du texte sacré. Même si Luther revendique parfois sinon la subjectivité foncière de l'acte traduisant, du moins le droit de laisser transparaître son exégèse dans sa manière de traduire[67] – et nous voulons quant à nous y voir une manière de mettre en pratique l'idée tout à fait luthérienne du sacerdoce universel – il n'en reste pas moins qu'à ses yeux, le primat revient à l'Écriture, et à l'Écriture seule. Luther a même d'emblée « établi comme principe que l'Écriture était son propre interprète ["*Scriptura sacra sui ipsius interpres*"[68] et qu'il] ne fallait pas l'interpréter avec des catégories qui lui étaient étrangères, comme celles d'Aristote[69]. »

On ne peut donc pas, pour les (rares) passages de l'Écriture où Luther estime nécessaire d'opter pour une pratique

66. Selon le terme forgé par Eugene A. Nida, Luther ne cherche pas à donner une *équivalence formelle* des Écritures, mais s'efforce d'en donner une *équivalence dynamique*.

67. *Cf.* p. ex. WA 38, p. 14 : « *Solchs ist mein verstand an diesem ort, Weiß aber wol, daß Sanct Bernhard einen andern hat, den lasse ich gut sein, wie wol er allzu viel mich dünckt münchentzen [...]* »

68. Cité par Klaus Dietrich FRICKE, « "Dem Volk aufs Maul schauen". Bemerkungen zu Luthers Verdeutschungsgrundsätzen », 1978, p. 101.

69. Marc LIENHARD, *Luther. Ses sources, sa pensée, sa place dans l'histoire*, 2016, p. 170, précise : « Interpréter l'Écriture dans une perspective d'ensemble ne peut se faire que sur la base de l'histoire du salut qui culmine avec le Christ. C'est lui qui, en dernière instance, fonde la clarté de l'Écriture. Luther a été conduit à cette affirmation centrale par sa propre expérience de redécouverte de l'Évangile. »

sourcière de la traduction, considérer que son agir traductif manque de cohérence. Car, comme l'a résumé Jean-René Ladmiral en une formule à la fois plaisante et profonde,

> [...] les sourciers n'ont jamais raison – que pour des raisons ciblistes ![70]

Essayons tout de même d'éclairer comment Luther motive le choix de traiter tel passage en cibliste et tel autre passage en sourcier. Le seul fait qu'il ait consacré tant de temps et d'énergie à la révision de ses traductions successives des Écritures permet d'affirmer que le Réformateur ne s'en est pas remis au hasard. Il a été montré que les choix traductifs de Luther sont bien souvent motivés par « des motifs théologiques plus que philologiques[71]. » Par exemple lorsque Luther donne de l'Épître aux Galates 2:11 (l'altercation d'Antioche entre Pierre et Paul) une version allemande conforme à la lecture augustinienne de cette scène, il « paraît donc bien avoir été attentif au fait que ce texte est aussi la *norme* de l'enseignement chrétien : dans la proximité d'Augustin, Luther trouve dans le récit paulinien un aliment pour nourrir sa dénonciation de ceux qui mêlent encore la Loi à l'Évangile [...][72] ».

La prééminence de la théologie sur la grammaire affleure aussi dans les *Propos de table* :

> Ce que la grammaire enseigne. La grammaire est l'art d'enseigner et de montrer le sens des mots ; mais il faut d'abord savoir ce qu'est une chose. Il s'ensuit qu'avant de parler de telle ou telle chose, avant de prêcher et d'enseigner, il faut savoir non seulement ce qu'elle est, mais aussi ce qu'elle signifie. Or,

70. Jean-René LADMIRAL, *Sourcier ou cibliste*, Les Belles Lettres, 2014, p. 101, 220 et *passim*.
71. Bernard ROUSSEL, « Le *Septembertestament* (1522). Luther et la tradition interprétative », 2001, p. 192.
72. Bernard ROUSSEL, *ibid., loc. cit.*

la grammaire ne renseigne que sur le sens des mots. Prenons le verset qui dit « Celui qui est juste par la foi vivra ». Dans ce cas, la grammaire dit ce qu'il faut entendre par *vie* et par *foi*. Mais cela ne suffit pas pour savoir défendre ces mots devant les esprits sectaires et les détracteurs : il faut en plus une grande expérience de la sainte Écriture. Or, c'est non pas dans la grammaire, mais dans la théologie que l'on peut puiser une telle compétence.[73]

Si l'exil studieux à la Wartburg a été fécond au point que ces dix mois ont suffi à Luther pour traduire en allemand la totalité du Nouveau Testament[74], c'est non seulement parce qu'il travaillait sans relâche[75] et qu'il avait de solides connaissances linguistiques, mais aussi et surtout parce qu'il

73. « *Was Grammatica lehre. Die Kunst Grammatica lehret und zeiget an, was die Wörter heißen und bedeuten ; aber man muß erstlich lernen und wissen, was ein Ding oder Sache sey. Darum muß einer, der da predigen und lehren will, zuvor wissen beide, was ein Ding sey, und was es heiße, ehe er davon redet. Die Grammatica aber lehret nur allein, was die Wörter heißen, die zeigen an, was ein Ding sey, als, der Gerechte lebet seines Glaubens. Hie zeiget die Grammatica an, was eigentlich heiße gerecht seyn, Leben, Glaube. Aber diese Wort wissen zu vertheidigen, wider die Rottengeister und Widersacher ; da gehöret mehr zu, will einen haben, der in der heiligen Schrift wol erfahren und geübet ist, das muß man nehmen nicht aus der Grammatica, sondern aus der Theologia.* » (WA TR 2, p. 506-507, n° 2533b (FB. 4, 560 (67, 17)) ; mars 1532.
74. Cette traduction a été publiée en septembre 1522 sous le titre de *Das Newe Testament Deutzsch // Wittemberg*. (d'où son nom de *Septembertestament*). « L'accent est ainsi mis sur la communication vers le public-cible, dans sa propre langue. La mention du lieu identifie le foyer auprès duquel peut prendre place un face à face entre le *message* et son lecteur. Rien n'identifie explicitement le traducteur, ni la date, de l'œuvre : à la prudence éditoriale s'ajoute le fait [comme le précise Luther dans sa préface] « qu'il serait évidemment juste et bon que ce livre [...] porte seulement son propre nom et son propre discours. » (Bernard ROUSSEL, « Le *Septembertestament* (1522). Luther et la tradition interprétative », 2001, p. 197).
75. « *Sine intermissione scribo* », écrit Luther parlant de lui-même (cit. in : Lucien FEBVRE, *Martin Luther, un destin*, [1928] 1995, p. 128-129).

pouvait s'appuyer sur sa longue et patiente fréquentation des Écritures et sur la lecture attentive des travaux non seulement des Pères de l'Église, mais aussi des savants contemporains comme Érasme :

> En 1521, Martin Luther peut [...] tirer parti des quatre travaux érasmiens, une première fois édités en 1516, réédités en 1519, des travaux qui demandent à être distingués, mais non totalement dissociés : une édition « critique » du texte grec, une traduction latine nouvelle, des annotations qui éclairent cette traduction, des paraphrases. C'est là un corpus considérable qui inclut une bonne part du matériau dont Luther s'est servi.[76]

En un mot, Luther possédait le pré-savoir quant à la matière. Revenons aux *Propos de table* :

> Les langues à elles seules ne suffisent pas pour faire un théologien, quoique la connaissance des langues soit d'une aide précieuse. Ce qu'il faut avant tout, c'est connaître la matière que les langues peuvent exprimer.[77]

« *Oportet enim ante rem scire*[78] », dit Luther. Cette affirmation n'est pas très éloignée de la formule de Cicéron : « *verborum interpretatio* **et** *historiarum cognitio* »,

> autrement dit : compréhension des mots et connaissance du sujet sont intimement liées. Aucune traduction n'est possible sans la médiation d'un pré-savoir sur l'objet de la traduction. À tel point qu'il n'est paradoxal qu'en apparence de dire que la traduction est une opération qui se fait hors langue : ce

76. Bernard ROUSSEL, « Le *Septembertestament* (1522). Luther et la tradition interprétative », 2001, p. 190.
77. « *Linguae per se non faciunt theologum, sed sunt adiutorium. Oportet enim ante rem scire, quam linguae illam possunt exprimere.* » (WA TR 2, p. 639, n° 2758a (Cord. 956)).
78. Variante : « *Oportet enim rem prius scire, quam linguis exprimatur.* » (WA TR 2, p. 639, n° 2758b).

n'est pas la langue qui fait la traduction, elle n'est que l'outil de médiatisation.[79]

Le caractère indispensable du pré-savoir sur l'objet traité par le texte à traduire figure aussi chez Étienne Dolet, qui en fait son premier principe de *La manière de bien traduire d'une langue en aultre* (publié en 1540, et réédité en 1541, en 1542 et en 1543) :

> En premier lieu, il fault, que le traducteur entende parfaictement le sens, & matiere de l'autheur, qu'il traduict : car par ceste intelligence il ne sera iamais obscur en sa traduction : & si l'autheur, lequel il traduict, est aulcunement scabreux, il le pourra rendre facile, & du tout intelligible.[80]

Chez Luther, le pré-savoir que requiert la traduction d'un texte biblique n'est pas qu'un ensemble de connaissances livresques ou factuelles : c'est une certaine disposition de l'esprit chez le traducteur, à savoir la foi en Christ. L'exigence de la foi qu'exprime le Réformateur dans sa *Lettre ouverte sur l'art de traduire* frise l'intolérance religieuse :

> Ah, l'art de la traduction n'est pas à la portée du premier venu [...] : pour bien traduire, il faut un cœur juste, pieux, loyal, persévérant, fervent, chrétien, savant, compétent et expérimenté. Je considère par conséquent qu'il est impossible à un mauvais chrétien ou à un esprit sectaire de faire une traduction fidèle.[81]

Pour entreprendre la traduction de textes sacrés, il est selon Luther tout à fait essentiel d'être habité par la foi. Le

79. Louis TRUFFAUT, « Qu'est-ce donc que traduire ? », 1992, p. 5 ; la formule de Cicéron est tirée du *De oratore*, I, 187.
80. *Cf.* Edmond CARY, *Les grands traducteurs français* (avant la p. 5).
81. « *Ah es ist dolmetzschen ja nicht eines iglichen kunst, wie die tollen Heiligen meinen, Es gehöret dazu ein recht, frum, trew, vleissig, forchtsam, Christlich, geleret, erfarn, geübet Hertz, Darumb halt ich, das kein falscher Christ noch rottengeist trewlich dolmetzschen könne* » (WA 30/II, p. 640, 25-29).

problème de la foi est d'ailleurs l'une des sources de son opposition à Érasme : le moine augustin reproche au prince des humanistes de manquer de foi[82]. Or, dit Luther en citant Cicéron, un orateur ne saurait émouvoir son auditoire s'il n'a pas été lui-même ému avant de prendre la parole :

> Érasme [...] emploie des mots très beaux : « le cher et saint Christ, la Parole salvatrice, les saints sacrements », mais en réalité il considère ces choses comme très froides. [...] Il est bien froid dans ses enseignements, il ne vaut rien, il peut bien fignoler son discours, mais ses mots sont artificiels et non pas naturels. Quand un sermon est artificiel, il a l'allure d'un habit rapiécé, et il est bien froid.
>
> Voilà pourquoi Cicéron dit « Il n'y a rien de meilleur pour émouvoir les gens et toucher leur cœur que d'avoir été soi-même touché dans son propre cœur. »[83]

82. Et ce, dès mars 1517, comme le démontre Lucien FEBVRE, *Martin Luther, un destin*, [1928] 1995, p. 84, en citant notamment (p. 82-83) la lettre de Luther à Lang du 1er mars 1517, dans laquelle le moine augustin avoue sa crainte de voir Érasme ne pas s'engager assez ardemment en faveur du Christ et de la grâce divine. Cette attitude violemment anti-philosophique [« *scharf antiphilosophische Haltung* »] a même été remarquée plus tôt encore : dès 1509-1510, elle ressort des notes marginales que Luther a écrites sur des ouvrages de saint Augustin et de Pierre Lombard (d'après Siegfried RAEDER, « Voraussetzungen und Methode von Luthers Bibelübersetzung », 1966, p. 152). Cependant, comme le souligne Marc LIENHARD, (*Martin Luther, un temps, une vie, un message*, 1983, p. 43) : « Il ne faut pas grossir l'importance des gloses marginales que Luther inscrit en 1509-1510 sur son exemplaire des *Sentences* de Pierre Lombard. Il est loin de prendre ses distances par rapport à la théologie traditionnelle. Pourtant, des accents et des orientations se manifestent, qui préfigurent certaines évolutions. Il y a d'abord la critique de la philosophie. Il vaut mieux s'en tenir aux docteurs de l'Église, en particulier à saint Augustin, au lieu de s'appuyer sur les discussions des philosophes et sur les diverses écoles. Et il y a surtout l'Écriture : "Pour parler des choses de Dieu il ne nous reste que la Parole de Dieu" (WA 9, 29, 21). »
83. « *Erasmus [...] braucht wol feine Wort : "der liebe heilige Christus, das heilwärtige Wort, die heiligen Sacrament", aber in der Wahrheit hält ers fur sehr kalt Ding. [...] Im Lehren ist er gar kalt, taugt nichts, er kann wol waschen, aber die Wort sind gemacht, nicht gewachsen.*

L'hypothèse selon laquelle le pré-savoir n'est autre que la foi en Christ se trouve confirmée par d'autres *Propos de table* :

> La *cognitio rerum* n'est autre que l'expérience personnelle du chrétien.[84]

et plus tard :

> L'Écriture. Personne ne peut comprendre l'Écriture à moins d'y entrer, c'est-à-dire d'en faire l'expérience.[85]

Ainsi, ce pré-savoir indispensable, selon Luther, pour faire une bonne traduction de la Bible est la foi *et* l'expérience personnelle de ce qu'apporte au chrétien sincère le soutien de Jésus-Christ. En raisonnant sur le plan épistémologique, on pourrait dire que Luther considère que seule l'expérience personnelle (en d'autres termes le vécu, la pratique, le ressenti, l'expérience personnelle et intime) habilite à s'exprimer sur un sujet donné. Et c'est peut-être là la clef du mystère, l'explication de ce qui semblait d'abord contradictoire dans la théorie de la traduction de Luther. Ce sont donc « les yeux de la foi », mais d'une foi éclairée par un travail intellectuel sérieux, qui l'aident à interpréter les textes sacrés et à décider si, pour le passage qu'il s'agit de traduire, c'est la stratégie cibliste ou une approche sourcière

Wenn eine Predigt gemacht ist, so klinget sie wie ein geflickt Ding, ist gar kalt.
Darumb sagt Cicero : "Kein bessere Art, den Leuten das Herz zu rühren und sie zu bewegen ist, denn wenn dirs zuvor selbs zu Herzen gehet." » WA TR 2, p. 41-42, n° 1319 (FB 3, 408).

84. « *die* cognitio rerum *aber ist die persönliche christliche Erfahrung.* » (WA TR 1, p. 498, 19 [cit. ainsi in WA DtB 6, p. LXXXI]).

85. « Scriptura. *Die Schrift versteht khein Mensch, ist auch unmöglich, das jemand verstehen sol, er kome denn hinein,* id est, experiatur. » (WA TR 2, p. 84 [n° 1398]).

qui convient. La démarche est donc aussi celle d'un universitaire : n'oublions pas que Luther est docteur en théologie, et qu'il travaille « sur un texte grec édité par Érasme, et [sur] la traduction de ce texte en latin par Érasme ainsi que [sur les] annotations que celui-ci avait rédigées. (Ces documents lui permettent fréquemment d'élaborer une traduction moins littérale et plus claire que celle de ses prédécesseurs.)[86] » Laissant le domaine théologique pour retrouver celui de la traductologie, nous croyons pouvoir affirmer que le praticien de la traduction qu'est Luther n'accorde de valeur aux réflexions sur la traduction qu'à la condition expresse qu'il s'agisse de la théorisation issue de (et sanctionnée par) la pratique personnelle de l'activité traduisante.

*

* *

Tous les chercheurs qui se sont penchés sur le cas Luther ont été frappés par le caractère contrasté de ce personnage : d'abord moine inquiet, qui ressent la colère du Dieu accusateur, puis « Frère Martin Éleuthère », libéré de ses inquiétudes existentielles parce que justifié par la foi en Christ ; tantôt théologien rompu aux débats universitaires (*disputationes*), tantôt bon vivant amateur de musique, de bonne chère et de plaisir charnel (avec son épouse !) ; d'abord jeune docteur en théologie au corps sec et nerveux, puis homme corpulent, fier d'être devenu obèse ; d'abord moine tourmenté, puis père de six enfants et mari heureux en ménage ; tantôt théologien et traducteur certain de sa propre compétence devant les hommes, tantôt humble créature devant l'Écriture et devant Dieu ; s'exprimant tantôt en latin, tantôt dans un allemand particulièrement

86. Catherine DEJEUMONT, « Le *Septembertestament* (1522). Martin Luther et la langue allemande », 2001, p. 170.

idiomatique[87] ; tantôt se répandant en bordées d'injures contre ses adversaires « papistes », tantôt mari amoureux et musicien accompli, auteur de trente-six cantiques[88] ; tantôt affirmant que le traducteur « se doit de disposer d'un vocabulaire riche et varié[89] », tantôt restreignant volontairement sa palette d'équivalents allemands de certains mots grecs ou hébraïques (les concepts-clef de sa théologie)[90] ; traduisant le plus souvent en cibliste convaincu, mais ne s'interdisant pas des pratiques de sourcier respectant la lettre même du texte original…

En conclusion, et en pensant à ceux qui se demanderaient si les idées de Martin Luther sur la traduction sont aujourd'hui périmées ou si elles ne sont applicables qu'à la seule traduction des textes sacrés, nous donnons à méditer quelques échos (dont les auteurs contemporains n'ont le

87. Les écrits de Luther étant émaillés d'expressions faisant référence à des métiers manuels, on pourrait penser que le Réformateur avait les pieds bien sur terre, qu'il était bien ancré dans le concret, et pourtant : il se souciait fort peu de l'aspect matériel de la vie quotidienne, ce qui ne facilitait pas la tâche à son épouse Katharina von Bora [Catherine de Bore] : « Luther déléguait les affaires courantes à sa femme et reconnaissait que, sans sa participation énergique [elle avait seize ans de moins que lui], il n'aurait pu mener à bien son travail théologique et pastoral. » (Susan KARANT-NUNN, « Une femme et six enfants », 2017, p. 26)
88. « C'est à partir de 1523 que Luther entreprend d'introduire dans le culte le chant communautaire […]. Cette promotion du chant participe d'une volonté de diffuser l'Écriture au plus grand nombre dans une langue compréhensible par tous. » (Patrice VEIT, « La musique au cœur », 2017, p. 35)
89. WA 30/II, p. 639.
90. « *[…] man schlage einmal die große Lutherbibelkonkordanz von Mag. Friederich Lanckisch auf (Erstausgabe 1677), um den schlagenden Beweis für das Vorhandensein solcher Schwerpunktwörter zu erhalten. Für "predigen" […] sind 21 hebräische Äquivalente aufgeführt und 44 griechische, allerdings jeweils mit Einschluß der Septuagintawiedergabe des hebräischen Textes gezählt. […] Bei "Gnade" zählen wir 18 hebräische und 42 griechische Äquivalente.* » (Klaus Dietrich FRICKE, « "Dem Volk aufs Maul schauen". Bemerkungen zu Luthers Verdeutschungsgrundsätzen », 1978, p. 102-103).

plus souvent pas conscience[91]) de certaines des réflexions du Réformateur quant à l'agir traductif. Notre lecteur ne manquera pas de le constater : les quelques traductologues contemporains que nous allons passer en revue pour clore cette introduction ont avec l'auteur des *Écrits sur la traduction* ce point commun qu'ils ont théorisé à partir de leur propre pratique traduisante.

Puisque c'est sur la Bible que Luther a exercé sa compétence traductive, nous citerons pour commencer cet extrait d'un ouvrage consacré précisément à ce type de corpus à traduire :

> « Ayons [...] le courage d'être clairs ; ne soyons pas enclins à penser, comme d'aucuns, que plus une traduction de la Bible est incompréhensible, plus elle est sérieuse... Que des spécialistes, parlant de leurs recherches, utilisent le jargon propre à leur domaine, voilà qui est tout à fait normal. Mais que des spécialistes continuent à utiliser ce jargon pour s'adresser à des non-spécialistes, voilà qui dénote une absence totale du sens de la communication. Or, dès le moment où l'on édite une Bible française à des milliers d'exemplaires, et non à quelques centaines, on admet qu'elle n'est pas destinée seulement à des spécialistes, et l'on devrait normalement en tenir compte en choisissant un niveau de langage adapté au milieu visé. »[92]

Dans les *Propos de table*, Luther a fait un jour cette sortie :

> Il est impossible de vraiment parler sa langue maternelle en se servant d'une autre langue ; pour ce qui est de traduire d'une langue en une autre, il s'agit de chercher ses mots ni trop près, ni trop loin de ceux du texte original, et de prendre

91. Ainsi, Georges MOUNIN affirme (p. 10) dans sa préface au *Traduire sans trahir* de Jean-Claude Margot qu'Eugene A. Nida se fonde surtout sur des sources anglo-saxonnes.

92. Jean-Claude MARGOT, *Traduire sans trahir. La théorie de la traduction et son application aux textes bibliques,* [1979] 1990, p. 248-249.

> ceux qui conviennent le mieux à la langue dans laquelle on s'exprime.[93]

De son lointain XVIe siècle, Luther semble préfigurer ce que Jean-René Ladmiral théorisera au XXe sous le terme (emprunté à la phonétique) de *dissimilation* :

> [...] le mouvement même de la traduction [consiste à prendre] appui sur la lettre du texte-source, pour justement s'en écarter, et pour mieux aller à la rencontre de l'esprit dont elle est porteuse. [...] toute (bonne) traduction est dissimilation. La traduction doit toujours s'éloigner de l'original, en prenant appui sur lui, pour lui donner rendez-vous au plus près.[94]

Les réflexions de Luther semblent même répondre par avance à ceux qui dressent des listes bilingues fixant des équivalences terme à terme[95], puisqu'un jour de mars 1532, il a déclaré à ses commensaux :

> Le mot allemand « *gerne* » ne peut être rendu ni en latin, ni en grec, ni en hébreu, car il change de sens en fonction du contexte[96].

93. « *Es ist nicht moglich, daß einer sein geborn sprach eigentlich rede mit einer andern zungen, und* modus vertendi *ist, das man das* vocabulum *nicht zu nahe suche noch zuweit,* sed propiissime *neme* secundum quamlibet linguam. » (WA TR 2, p. 648, n° 2771a).
94. Jean-René LADMIRAL, *Sourcier ou cibliste*, Les Belles Lettres, 2014, p. 199.
95. Dans le même ordre d'idées, Jean-René LADMIRAL dénonce la traduction envisagée comme un simple transcodage consistant à « remplacer les mots-source par les mots-cible selon une correspondance supposée bi-univoque entre les uns et les autres » (in : *Traduire : théorèmes pour la traduction*, p. 16).
96. « *Das wortlin gerne* neque Latine neque Graece neque Hebraice reddi potest. Syntaxis mutat significationem eius. » (WA TR 2, p. 502, n° 2525 ; une note (*ibid.*, p. 693) précise : « *Luther denkt wohl an die verschiedene Bedeutung [von gerne] = freiwillig* [de son plein gré, librement], *eifrig* [volontiers, avec empressement], *gierig* [gloutonnement], *oft* [souvent]. »

La pratique de l'activité traduisante ayant amené Jean-René Ladmiral à constater lui aussi qu'un seul et même terme-source peut fort bien « éclater » en plusieurs traductions-cible différentes, il explique qu'il y a une sorte de naïveté à croire qu'il suffit de transcoder pour produire une version-cible acceptable :

> Il s'agit à la fois d'une surévaluation de la terminologie en soi et de l'illusion qui voudrait que la terminologie fût toujours fixée, comme par nature (φύσει), qu'elle obéisse à un découpage objectif, le même dans toutes les langues, et par conséquent qu'elle soit en principe transcodable d'une langue à l'autre – pourvu qu'on dispose des compétences « techniques » nécessaires. Le problème terminologique posé au traducteur ne serait donc qu'un problème de savoir. Mais ce serait un problème excessivement difficile, dont la solution exigerait une connaissance parfaite et encyclopédique de la langue-source.[97]

Ce que dit Luther de la manière de traduire est le résultat de son expérience de praticien de la traduction ; les *Écrits sur la traduction* que nous présentons dans ce volume ne sont pas des manuels de traduction, mais des textes nés dans un contexte polémique. On y trouve néanmoins des formules qui pourraient fort bien trouver leur place dans des « Lettres à un jeune traducteur ». Ainsi, on peut lire dans la *Brève présentation des psaumes et explications sur la façon de les traduire* : « [il faut] saisir le sens […] et s'interroger en ces termes : “Voyons, que dirait un Allemand dans cette situation ?”, [puis] exprimer le sens librement, dans le meilleur allemand que l'on connaisse. » Marianne Lederer ne dit pas autre chose lorsqu'elle explique ceci :

97. Jean-René LADMIRAL, *Traduire : théorèmes pour la traduction*, [1979] 1994, p. 222.

> La rémanence des signes sur le papier rend la tâche difficile à ceux qui n'ont pas pris conscience de la nécessité de déverbaliser. Soit qu'ils écrivent leur traduction sans quitter des yeux l'original, soit qu'ils ne formulent pas mentalement leur phrase avant de la coucher sur le papier, le résultat est beaucoup plus maladroit que s'ils avaient exprimé une idée totalement libérée de sa gangue verbale originelle.[98]

Luther ne se prive pas, nous l'avons vu, d'ironiser sur les prestations de ceux qui pèchent par excès de littéralisme ; il le fait avec la véhémence qu'on lui connaît (et que lui reprochait Érasme en personne et ce, antérieurement à leur querelle sur le libre arbitre et le serf arbitre[99]) :

> Le bel allemand que voilà ! [...] aucun Allemand ne comprend ce qui est dit [...] Quelle brillante traduction nous aurions là ![100]

Marianne Lederer parle en termes plus mesurés, mais la présence du substantif « charabia » montre bien qu'elle refuse tout aussi énergiquement la servilité en matière d'agir traductif :

> Il existe un rapport immédiat entre l'idiomaticité d'une traduction et sa fidélité. Traduire en s'efforçant de mettre un maximum de correspondances en regard d'un texte, c'est traduire en charabia ce qui était écrit dans une langue idiomatique.[101]

C'est un peu la même idée qu'exprime Ernest Renan à la fin du XIXe siècle en faisant la critique d'une version

98. Marianne LEDERER, *La traduction aujourd'hui. Le modèle interprétatif*, 1994, p. 116.
99. *Cf.* Jean-Claude MARGOLIN, « Érasme et Luther ? Érasme ou Luther ? Une problématique toujours ouverte », 2001, p. 207-228.
100. WA 30/II, p. 639, l. 12, 15-16 et 16-17.
101. Marianne LEDERER, *La traduction aujourd'hui. Le modèle interprétatif*, 1994, p. 63.

française de la Bible dont l'auteur s'était « proposé avant tout d'être littéral » :

> Je suis loin de déprécier les tentatives de ce genre, quand elles regagnent du côté de l'exactitude le prix qu'elles ne peuvent avoir du côté de l'élégance ; il faut avouer pourtant que le modèle de la traduction accomplie ne doit point être cherché parmi de tels essais. On se trompe si l'on croit conserver la couleur de l'original en conservant des tours opposés au génie de la langue dans laquelle on traduit. Une langue ne doit jamais être parlée à demi. Il n'y a pas de raisons, en effet, pour s'arrêter dans cette voie, et, si l'on se permet, sous prétexte de fidélité, tel idiotisme qui ne se comprend qu'à l'aide d'un commentaire, pourquoi n'en pas venir franchement à ce système de calque où le traducteur se contente de superposer le mot sur le mot, s'inquiétant peu que sa version soit aussi obscure que l'original, et laissant au lecteur le soin d'y trouver un sens ?[102]

Remontons enfin encore plus loin dans le temps, et relisons un quasi-contemporain français de Luther, Henri Estienne, qui déplorait quant à lui simplement la mauvaise qualité des traductions françaises qui se publiaient au début de la seconde moitié du XVIe siècle :

> [...] je di et maintien que la plus part des auteurs qui se portent fort bien en Grèce, et ont beau visage et bien couloré, sont fort desfaicts, voire desfigurez, en France, en Italie, en Espagne, et ès autres pays, pour le mauvais traitement qu'on leur fait par le chemin. C'est à dire (pour parler clairement et sans allégorie) que plusieurs auteurs, et principalement les Grecs, qui estans leus en leur language naturel par ceux qui en ont congnoissance suffisante, ont la meilleure grace du monde, et donnent contentement non seulement à l'oreille, mais aussi à l'esprit, sont traduits si piètrement en François,

102. Ernest RENAN, *Nouvelles études d'histoire religieuse*, Calmann Lévy éditeur, Paris, 1884, p. 179-180.

> en Italien, en Espagnol, qu'il y a autant de différence de lire leurs livres Grecs ou telles traductions d'iceux, qu'il y auroit de voir le visage d'une mesme personne, quant elle seroit en très-bonne disposition, ou quand, après fort longue maladie, elle commenceroit à rendre les derniers souspirs.[103]

On pourra multiplier les « correspondances » entre les éléments de théorisation formulés par Luther au XVIe siècle et les réflexions des traductologues des XXe et XXIe siècles. Nous laissons à notre lecteur le soin et le plaisir de compléter ces correspondances par-delà la distance temporelle.

103. Henri ESTIENNE, *Apologie pour Hérodote.* [1566] 1879, p. 6-7.

Lettre de Martin Luther à Wenczeslaus Linck (Nuremberg)

Texte original basé sur la version imprimée dans l'édition de Weimar (WA Br 5, p. 620-621) et sur l'édition établie par Wilhelm Martin Leberecht de Wette sous le titre *Dr. Martin Luthers Briefe, Sendschreiben und Bedenken*, volume 4, 1827, Berlin, G. Reimer, p. 163-164.

Veste Coburg, 12. September 1530

Gratiam et pacem in Christo. Mitto exemplar pro Georgio Rotmaier, mi Wenceslaë, quod tu ei dabis, si adest : si vero abest, custodies ei, donec veniat, nec alteri des. Poteris autem vel tuo nomine edere tanquam epistolam meam, ab amico tibi missam et traditam. Nam ego velut in cuniculo istud scriptum et ceu praeludium velim praemitti, tanquam me non vigente atque aliud agente. Si forte aliqui retineri possint spe, prolixius in hac re scripsi. Titulum ergo talem poteris praefigere : Ein Sendbrief D. Mart. Luthers vom Dolmetschen, *vel ut tibi placuerit.*

Nos hic sedemus, veluti in alio mundo positi, adeo nihil ex Augusta jamdiu accepimus : tacent pertinaciter

1. Le substantif « *exemplar* » a, en latin, toujours le sens d'exemplaire *supplémentaire*, et donc de copie. *In concreto*, cela signifie que Luther a envoyé une copie manuscrite de son original (précision donnée par Claudia Wick, du *Thesaurus linguae Latinae* de Munich).
2. Georg Rotmaier était éditeur et imprimeur, et il était souvent en déplacement pour affaires.
3. Cette touche de subjectivité vise à montrer que Luther exprime ici sa perception de la situation.
4. Cette formulation fait penser au Psaume 136, qui exprime la tristesse des exilés : « *Super flumina Babylonis,* ***illic sedimus*** *et flevimus cum*

Forteresse de Cobourg, le 12 septembre 1530

Que la grâce et la paix du Christ soient avec toi. Je t'adresse une copie[1], cher Wenceslas, pour que tu la donnes à Georg Rotmaier[2], s'il est chez lui ; s'il n'y est pas, conserve-la par devers toi jusqu'à son retour, et ne la remets à personne d'autre. Tu pourrais aussi publier toi-même cette mienne lettre, en disant que tu la tiens d'un ami. J'aimerais en effet donner l'impression que ce texte a été rédigé dans un terrier et qu'il est envoyé à titre de prélude, comme si je n'étais pas en état d'agir ou comme si je travaillais à autre chose. Mon discours est un brin prolixe, histoire de maintenir en éveil l'intérêt de certains. Tu pourrais intituler mon écrit *Lettre ouverte du docteur Mart. Luther sur la manière de traduire*, ou comme il te plaira.

Je[3] nous sens ici comme assis[4] dans un autre monde : cela fait si longtemps que nous sommes sans nouvelles d'Augsbourg[5] : ils se taisent tous avec obstination, comme

recordaremur Sion [...] » : « Au bord des fleuves de Babylone, **nous étions assis** et nous pleurions, nous souvenant de Sion [...] » Merci à Claudia Wick d'avoir fait ce rapprochement.

5. La Diète de l'Empire s'était réunie à Augsbourg en 1530 pour tenter de « de surmonter le différend entre les évangéliques et l'Église traditionnelle » (Marc Lienhard, *Luther. Ses sources, sa pensée, sa place dans l'histoire*, 2016, p. 22), mais Luther n'a pas pu s'y rendre lui-même, car depuis le 26 mai 1521, il avait été mis au ban de l'Empire [déchu de tous ses droits] et déclaré « *vogelfrei* » [jeté en pâture aux oiseaux, comme un pendu].

omnes, ac si victi, capti et mortui essent. Tu quam rectissime in Domino vale. Sed heus unum : si tibi exemplar istud indignum videtur ob materiae vilitatem, ut edatur, tuo iudicio stet et cadat. Saluta carnem tuam cum fructibus.

Ex Eremo, 12. Septembris MDXXX.

T. Martinus Luther

6. L'adverbe *rectissime* (on notera le superlatif) a une connotation clairement morale (*cf.* la *vita recta*) : ce n'est donc pas de la bonne santé physique de son ami Wenczeslaus Linck que se préoccupe Luther.

s'ils étaient vaincus, captifs, ou morts. Quant à toi, continue d'agir avec droiture[6] face au Seigneur.

Encore une chose : si à tes yeux, le texte que je te confie n'est pas digne d'être publié parce qu'il traite d'un objet trop banal, je t'en fais juge et bourreau. Salue bien ton épouse et les fruits de votre union.

Écrit dans la solitude[7] le 12 septembre 1530

Ton ami Martin Luther

7. Luther est isolé dans la forteresse de Cobourg, qui se trouve à quelque trois cents kilomètres d'Augsbourg. Il lui était impossible de s'approcher davantage sans quitter la Saxe électorale. Le roman d'Asta SCHEIB *Kinder des Ungehorsams* [1985], 1996, p. 214-226, évoque cette solitude du point de vue de Katharina von Bora.

Ein Sendbrieff
vom Dolmetschen
und Fürbitte der Heiligen.
D. Martin Luther.
Wittemberg.
M. D. XXX.

Lettre ouverte sur l'art de traduire
et sur l'intercession des saints
par Martin Luther,
docteur en théologie.
Wittemberg, 1530.

Pour établir le texte allemand donné ici, nous avons compilé quatre éditions (citées dans la bibliographie) légèrement divergentes de l'écrit de Luther et opéré une modernisation ténue de sa graphie non pas selon des critères philologiques, mais dans le souci d'en rendre la lecture plus aisée au grand public cultivé auquel s'adresse le présent volume.

Ein Sendbrieff vom Dolmetschen und Fürbitte der Heiligen.

D. Martin Luther.
Wittemberg.
M. D. XXX.

Wenczeslaus Linck allen Christgläubigen.

Gottes gnade und barmherzigkeit. Der weise Salomon spricht Proverbiorum 11 (26) "Wer korn inne helt, dem fluchen die leute / Aber segen kompt über den, so es verkauft." Welcher spruch eigentlich zu verstehen ist von allem, das zu gemeinem nutze oder troste der Christenheit dienen kann. Darumb schilt auch der Herr im Evangelio den untrewen knecht einen faulen schalk, daß er sein gelt jnn die erden vergraben und verborgen hatte.

1. Le nom de la ville de Luther s'écrit aujourd'hui Wittenberg en allemand et Wittemberg en français, mais au XVIe siècle sa forme allemande correcte était Wittemberg. Nous avons donc généralisé cette orthographe à l'ensemble de ce volume.
2. Celui à qui Luther confie le *Sendbrieff vom Dolmetschen* en le chargeant de sa publication est l'un de ses très proches amis, docteur en

Lettre ouverte sur l'art de traduire et sur l'intercession des saints

par Martin Luther, docteur en théologie. Wittemberg[1] 1530.

Wenczeslaus Linck[2] à tous les chrétiens.

La grâce et la miséricorde de Dieu soient avec vous. Il est dit dans les Proverbes du sage Salomon : « Celui qui accapare le blé est dans l'opprobre, alors que celui qui le met sur le marché est porté au pinacle. »[3] Ce proverbe doit être appliqué à tout ce qui est utile à la collectivité ou propre à consoler les chrétiens. C'est pour cette raison que dans l'Évangile, le Seigneur traite de paresseux et de timoré celui de ses serviteurs qui a caché dans la terre le talent qu'il lui avait confié[4].

théologie et moine augustin défroqué (puis marié et père de famille) comme lui, avec qui il entretient une correspondance nourrie dès 1518. Voir notre notice en annexe.

3. Proverbes 11:26.
4. Allusion à Matthieu 25:14-30.

Solchen fluch des Herrn und der ganzen gemeinde zu vermeiden, hab ich diesen Sendbrieff, der mir durch einen guten freundt zu handen kommen, nicht wissen zu verhalten, sondern öffentlich in druck geben. Denn dieweil der verdolmetschunge halben, altes und newes testaments, viel gerede sich zutragen, nämlich die feinde der wahrheit vorgeben, als wäre der Text an vielen orten geendert oder auch verfälschet, wodurch viel einfeltige Christen, auch unter gelehrten, so der Hebräischen und Grekischen sprachen nicht kundig, entsetzen und scheu gewinnen. So ist gütlich zu verhoffen, daß aufs minste zum teil hiemit den gottlosen ihr lästern verhindert, und den frommen ihr skrupel genommen soll werden.

Vielleicht auch verursachet, daß etwas mehrers auff solche fragstück oder materie geschrieben werde. Bitt derhalben einen ieden liebhaber der warheit, wolle ihm solch werck im besten lassen befohlen sein, und Gott treulich bitten um rechten verstand der Göttlichen schrift zu besserung und meherung gmeiner Christenheit. Amen.

Zu Nürnberg am 15. Septembris. Anno 1530.

Dem Ehrbarn und Fürsichtigen N., meinem günstigen Herrn und Freunde.

Gnad und friede in Christo, Ehrbar, fürsichtiger, lieber Herr und Freund! Ich hab ewer schrift empfangen mit den zwo Questionen oder Fragen, darin yhr meines berichts begehrt. Erstlich warumb ich zun Römern am dritten capitel,

5. Romains 3:28.
6. C'est là le cœur de la position théologique de Luther. L'homme est sauvé par la foi seule, en vertu de la seule grâce de Dieu. Voir par exemple Marc LIENHARD, *Luther. Ses sources, sa pensée, sa place dans l'histoire*, 2016, p. 341 : « Se fondant en particulier sur Romains 3:21-30, Luther affirme avec force, tout au long de sa vie,

C'est pour éviter la malédiction du Seigneur et de tout le monde que je n'ai pas voulu dissimuler la présente lettre ouverte, qui m'a été transmise par un ami : je l'ai donc donnée à imprimer pour la publier. En effet, comme la traduction de l'Ancien et du Nouveau Testament fait beaucoup parler d'elle parce que les ennemis de la vérité prétendent qu'en maints endroits, le texte en a été modifié, voire falsifié, ce qui choque et fait douter les simples chrétiens même instruits, mais qui ne maîtrisent pas le grec ou l'hébreu, on est fondé à espérer que le présent écrit parviendra au moins pour partie à mettre un terme aux médisances des impies et à ôter leurs scrupules aux chrétiens pieux.

Peut-être aussi les pages qui suivent susciteront-elles d'autres écrits sur ces questions ou matières. Que ce travail soit recommandé à tous ceux qui aiment la vérité, et que Dieu accorde à chacun la pleine compréhension des saintes Écritures, en vue de l'édification et de l'accroissement de la communauté chrétienne. Amen.

Nuremberg, le 15 septembre 1530.

**Au digne et prudent N.,
mon seigneur et ami bienveillant.**

Grâce et paix en Christ, digne et prudent seigneur, cher ami ; j'ai bien reçu la lettre dans laquelle vous me soumettez deux questions. Vous me demandez d'abord pourquoi au chapitre 3 de l'épître de saint Paul aux Romains, j'ai traduit en allemand « *Arbitramur hominem iustificari ex fide absque operibus* »[5] par « Nous pensons que l'homme est justifié par la foi seule[6], indépendamment des œuvres de la loi » ; vous

que ce n'est pas par ses actes que l'homme peut se présenter devant Dieu et être sauvé de sa perdition radicale, mais que c'est Dieu lui-même qui, par le pardon, fait grâce et considère comme juste celui qui dans la foi est uni au Christ. »)

die wort S. Pauli “*Arbitramur hominem iustificari ex fide absque operibus*” also verdeutscht habe: “Wir halten, daß der mensch gerecht werde ohn des gesetzes werck, allein durch den glauben”. Und zeigt daneben an, wie die Papisten sich über die maßen unnütze machen, weil ym text Pauli nicht stehet das wort “Sola” (allein) und sey solcher zusatz von mir nicht zu leiden ynn Gottes worten, etc. Zum andern, ob auch die verstorbnen Heiligen für uns bitten, weil wir lesen, daß ja die Engel für uns bitten, usw. Auff die erste frage (wo es euch gelüstet) mügt yr ewern Papisten von meinet wegen antworten also: zum ersten, wenn ich D. Luther mich hette mügen des versehen, daß die Papisten alle auff einen hauffen so geschickt weren, daß sie ein Capitel yn der schrifft kündten recht und wohl verdeutschen, so wolt ich fürwahr mich der demut haben finden lassen, und sie umb hilff und beystand gebeten, das Newe Testament zu verdeutschen. Aber dieweil ich gewußt, und noch vor augen sehe, daß yhr keiner recht weiß, wie man dolmetschen oder deutsch reden soll, hab ich sie und mich solcher mühe überhoben. Das merckt man aber wol, daß sie aus meinem dolmetschen und deutsch lernen deutsch reden und schreiben, und stehlen mir also meine sprache, davon sie zuvor wenig gewist, dancken mir aber nicht dafür, sondern brauchen sie viel lieber wider mich. Aber ich günne es jn wol, denn es thut mir doch sanfft, daß ich auch meine undanckbare jünger, dazu meine feinde, reden gelert habe.

Zum andern mügt yhr sagen, daß ich das Newe Testament verdeutscht habe, auff mein bestes vermögen und auff mein gewissen, habe damit niemand gezwungen, das ers lese, sondern frey gelassen, und allein zu dienst gethan denen, die es nicht besser machen können. Ist niemand verboten, ein bessers zu machen. Wers nicht lesen will, der laß es liegen; ich bitte und feyre niemandt drumb. Es ist mein Testament und mein Dolmetschung, und soll mein bleiben und sein. Hab ich drinnen etwa

me demandez ensuite si, une fois morts, les saints prient pour nous, puisque l'on peut lire que les anges prient pour nous, etc. La première de vos interrogations montre à quel point les papistes aiment à ergoter : comme le texte de saint Paul ne contient pas le mot *sola* [seule], ils soutiennent qu'il est inadmissible d'ajouter un mot dans la Parole de Dieu, etc. Voici la réponse que vous pourrez, si vous y tenez, faire de ma part à vos papistes : à supposer tout d'abord que j'aie pu, moi Martin Luther, docteur en théologie, ne pas voir que les papistes sont tous sans exception assez habiles pour bien rendre en allemand tel ou tel chapitre de la sainte Écriture, je vous assure que j'aurais été assez humble pour solliciter leur aide et leurs conseils pour traduire le Nouveau Testament. Mais je savais et je constate de mes propres yeux qu'il n'y a personne parmi eux qui sache vraiment ni comment il faut traduire, ni comment il convient de parler l'allemand : je me suis donc dispensé de les consulter et je les dispense de m'asséner leurs conseils. D'ailleurs, on se rend bien compte que c'est à partir de ma traduction et de mon allemand qu'ils apprennent à parler et à écrire l'allemand : en d'autres termes, ils me volent ma langue, eux qui n'en connaissaient jusqu'alors que les rudiments. Et, loin de m'en savoir gré, ils s'en servent contre moi. Mais je ne leur en garde pas rancune : il est plutôt flatteur pour moi d'avoir appris à parler précisément à mes ennemis, fussent-ils des disciples ingrats.

Ensuite, vous pouvez leur dire que j'ai traduit le Nouveau Testament en allemand du mieux que j'ai pu, en mon âme et conscience, que je n'ai forcé personne à lire ma traduction, et que j'ai œuvré pour rendre service à ceux qui en ont besoin ; il n'est pas interdit de faire des traductions meilleures. Si quelqu'un refuse de lire ma version, libre à lui : je ne demande à personne de lire mon travail, et je ne féliciterai[7] pas ceux

7. L'édition de Weimar fonde la lecture de *feyren* dans le sens de « *verherrlichen, preisen* » sur l'usage que fait Luther dans sa traduction de la Bible (WA 30/II, p. 633).

gefehlet (das mir doch nicht bewust und freilich ungern einen buchstaben mutwilliglich wollt unrecht verdolmetschen), darüber will ich die Papisten nicht zu richter leiden. Denn sie haben noch zur zeit zu lange ohren dazu, und yhr *ycka ycka* ist zu schwach, mein verdolmetschen zu urteilen. Ich weis wohl, und sie wissens weniger denn des müllers thier, was für kunst, fleiß, vernunft, verstand zum guten Dolmetscher gehöret, denn sie habens nicht versucht.

Es heisst: Wer am wege bawet, der hat viel meister. Also gehet mirs auch. Die jhenigen, die noch nye haben recht reden können, geschweige denn dolmetschen, die sind allzumal meine meister, und ich mus yhr aller jünger sein. Und wenn ich sie hette sollen fragen, wie man die ersten zwey wort Matthei 1: "*Liber Generationis*" sollte verdeutschen, so hette yhr keiner gewist *gack* dazu zu sagen; und urtheilen mir nu das ganze werk, die feinen gesellen. Also gieng es Sankt Hieronymo auch, da er die *Biblia* dolmetscht, da war alle welt sein meister. Er allein war es, der nichts kunnte, und urteileten dem guten mann sein werck die jhenigen, so ihm nicht gnug gewest wären, daß sie ihm die schuh hätten sollen wischen. Darumb gehöret große geduld dazu, so yemand etwas öffentlich guts thun will, denn die welt will meister Klüglin bleiben, und muss immer das roß unter dem schwantz zeumen, alles meistern, und selbs nichts können: das ist ihr art, davon sie nicht lassen kann.

8. Peut-être Luther pense-t-il ici à Matthieu 5:18.
9. Luther emploie une onomatopée correspondant à notre « hi-han », comme le suggèrent l'allusion qui précède aux « oreilles trop longues » (« *zu lange ohren* ») et plus loin l'expression « bête de somme » (« *des müllers thier* », littéralement : « la bête du meunier »).
10. On aurait pu dire ici « La critique est aisée, et l'art est difficile », mais nous avons préféré utiliser un proverbe certes moins courant en français, mais plus représentatif de l'attention que porte Luther au travail concret.
11. Allusion à Matthieu 3:11 et à Marc 1:7.

qui ont pris la peine de le faire. C'est là ma version allemande du Nouveau Testament : elle est mienne, et mienne elle restera. Pour le cas où une erreur se serait glissée dans ma traduction (mais je n'ai conscience d'aucune bévue, et loin de moi l'idée d'infléchir sciemment le sens ne serait-ce que d'une seule lettre[8] du texte biblique), je ne laisserai pas les papistes juger mon travail : leurs oreilles sont trop longues, et leur braiment[9] trop confus pour les autoriser à se prononcer sur ma traduction. À la différence des papistes, qui n'en savent pas autant que certaines bêtes de somme, je suis bien placé pour savoir combien la traduction requiert de talent, de persévérance, de raison et d'intelligence : eux ne le savent pas, faute de s'y être jamais essayés.

On a coutume de dire « Qui fait la maison dans la place, ou la fait trop haute, ou la fait trop basse »[10]. Me voilà donc exposé aux commentaires d'individus qui n'ont jamais véritablement su parler leur propre langue, pour ne rien dire de leur compétence en matière de traduction. Ils s'instituent mes maîtres, et me traitent comme leur élève. Or, si j'avais dû leur demander conseil pour rendre en allemand les deux premiers mots de Matthieu 1:1 (*Liber Generationis*, Généalogie de Jésus Christ), ils seraient demeurés cois, tous autant qu'ils sont ! Mais cela ne les empêche pas d'émettre leurs doctes jugements sur l'ensemble de mon travail. Saint Jérôme, lorsqu'il a traduit la Bible en latin, a dû lui aussi subir les commentaires de tout le monde : à les entendre, le seul incapable, c'était lui. Ainsi, l'œuvre de cet homme excellent était passée au crible par des gens qui n'auraient pas été dignes de dénouer les cordons de ses souliers[11]. C'est dire s'il faut de la patience pour accomplir du bon travail au vu et au su de tous. En effet, toujours malins, ces compères l'entendu préfèrent mettre la charrue devant les bœufs, et ils ne peuvent s'empêcher d'asséner leurs critiques, même s'ils sont incompétents.

Ich wollt noch gern den Papisten ansehen, der sich herfür thet, und etwa eine epistel S. Pauli oder einen Propheten verdeutschet. Sofern, daß er des Luthers deudsch und dolmetschen nicht dazu gebraucht, da solt man sehen ein fein, schön, löblich deudsch oder dolmetschen! Denn wir haben ja gesehen den Sudler zu Dresen, der mein New Testament gemeistert hat (ich will seinen namen yn meinen büchern nicht mehr nennen; so hat er auch nun seinen richter, und ist sonst wol bekandt), der bekennet, daß mein deutsch süsse und gut sey, und sah wohl, das ers nicht besser machen kundt, und wolt es doch zu schanden machen, fuhr zu, und nahm vor sich mein New Testament, fast von wort zu wort, wie ichs gemacht hab, und thet meine vorrede, glose und namen davon, schrieb seinen namen, vorrede und glose dazu, verkauft also mein New Testament unter seinem namen. Wanne, liebe kinder, wie geschah mir da so wehe, da sein landesfürst mit einer grewlichen vorrede verdammt und verbot des Luthers New Testament zu lesen, doch daneben gebot, des Sudelers New Testament zu lesen, welchs doch eben dasselbige ist, das der Luther gemacht hat.

Und daß nicht yemand hie dencke, ich lüge, so nym beide Testament vor dich, des Luthers und des Sudlers, halt sie gegen ein ander, so wirstu sehen, wer yn allen beiden der dolmetzscher sey. Denn was er inn wenig orten geflickt und geendert hat (wie wohl mirs nicht alles gefället), so kann ichs doch wol leiden, und schadet mir sonderlich nichts, so viel es den text betrifft, darumb ich auch nie darwider hab wollen schreiben, sondern hab der grossen weisheit müssen lachen, daß man mein New Testament

12. Luther fait ici allusion à l'une de ses activités du moment (lire sa lettre à Melanchthon du 24 avril 1530, dans laquelle il annonce son intention de consacrer une partie de son séjour à Cobourg à la traduction des prophètes (WA Br 5, p. 285-288).

13. *Dresen = Dresden.* Il est question de Jérôme (Hieronymus) Emser, qui est mort le 8 novembre 1527. Voir notre notice à son sujet dans l'annexe.

14. *Wanne ! = ach !*

Je ne demande pas mieux que de le rencontrer, le papiste qui se dira prêt à traduire en allemand une épître de saint Paul ou le livre d'un prophète[12]. Et s'il travaille sans se servir de la traduction allemande de Luther, on peut être sûr de lire une traduction à la fois belle, élégante et respectueuse de la langue allemande. Nous avons vu ce qu'a fait le gâte-papier de Dresde[13], qui a étrillé mon Nouveau Testament (je ne citerai plus son nom dans mes livres, il n'est que trop connu ; cet individu a maintenant comparu devant Dieu). Ce scribouillard a d'ailleurs admis la qualité de mon allemand puisque, se voyant incapable de faire mieux, il s'est employé à le flétrir. Il n'a donc pas posé sa plume et, se saisissant de ma traduction du Nouveau Testament, il l'a copiée presque mot pour mot, a supprimé ma préface, mon commentaire et mon nom puis, ayant inscrit son nom, sa préface et son commentaire, s'est mis à vendre ma traduction du Nouveau Testament sous son nom. Ah[14], mes enfants, si vous saviez combien j'ai souffert de voir son prince[15] signer une cruelle préface dans laquelle il interdisait de lire le Nouveau Testament dans la traduction de Luther et ordonnait de le lire dans la version de ce chieur d'encre, version qui n'était autre pourtant que le Nouveau Testament publié par Luther !

À ceux qui me soupçonneraient de mentir, je dis ceci : posez devant vous les deux versions du Nouveau Testament, celle de Luther et celle de ce pisseur de copie, et comparez-les. Vous verrez bien qui est l'unique traducteur de l'une et de l'autre. Quant aux rares passages où sa version ne suit pas textuellement la mienne, je veux bien souffrir ses rafistolages (quoique je ne les approuve pas tous) : seule la formulation est touchée, ce qui ne me porte pas préjudice. Je n'ai donc jamais eu l'intention de réagir par écrit. Mais laissez-moi rire de cette grande sagesse qui a fait que l'on a éreinté, condamné et même

15. Le duc Georges de Saxe. Sa préface à la version Emser du Nouveau Testament (1527) est reproduite dans l'édition du *Sendbrief vom Dolmetschen* dirigée par Karl Bischoff, Max Niemeyer Verlag, Tübingen, 1965, p. 39-41.

so grewlich gelästert, verdampt, verboten hat, weil es unter meinem namen ist ausgangen, aber doch müssen lesen, weil es unter eines andern namen ist ausgangen. Wiewohl, was das für eine tugend sey, einem andern sein buch lästern und schänden, darnach dasselbige stehlen und unter eigenem namen dennoch aus lassen gehen, und also durch fremde verlesterte erbeit eygen lob und namen suchen, das laß ich seinen richter finden. Mir ist indes gnug, und bin fro, daß meine erbeit (wie S. Paulus auch rhümet) muß auch durch meine feinde gefördert, und des Luthers buch ohn Luthers namen, unter seiner feinde namen gelesen werden. Wie künd' ich mich baß rächen?

Und daß ich wieder zur sachen komme: Wenn ewr Papist sich viel unnütze machen will mit dem wort *Sola* (Allein), so sag ihm flugs also: Doktor Martinus Luther wills also haben, und spricht, Papist und Esel sey ein ding. *Hoc volo, sic iubeo, sit pro ratione voluntas.* Denn wir wollen nicht der Papisten schüler noch jünger, sondern ihre meister und richter sein. Wollen auch einmal stolzieren und pochen mit den Esels köpffen. Und wie Paulus wider seine tollen heiligen sich rhümet, so will ich mich auch wider diese meine Esel rhümen. Sie sind Doctores? Ich auch. Sie sind gelehrt? Ich auch. Sie sind Prediger? Ich auch. Sie sind Theologi? Ich auch. Sie sind Disputatores? Ich auch. Sie sind Philosophi? Ich auch. Sie sind Dialectici? Ich auch. Sie sind Legenten? Ich auch. Sie schreiben bücher? Ich auch.

Und will weiter rhümen: Ich kann Psalmen und Propheten auslegen. Das können sie nicht. Ich kann dolmetschen. Das können sie nicht. Ich kann die heilige Schrift lesen. Das können sie nicht. Ich kann beten. Das

16. Voir Philippiens 1:18.
17. *baß* = *besser*.
18. Juvénal, *Satire VI*, vers 223 : « Je le veux, je l'ordonne, et que cela suffise si telle est ma volonté. » Luther cite Juvénal d'après les éditions de son temps ; la leçon retenue par les éditions modernes est « *Sic volo, sic jubeo* » (mais le sens reste le même).

interdit ma traduction allemande du Nouveau Testament lorsqu'elle a été imprimée sous mon nom, tandis que, publié sous le nom d'un autre, le même texte a été recommandé. Mais il ne m'appartient pas de juger ces parangons de vertu qui, après avoir vilipendé un livre dont ils ne sont pas les auteurs, le dérobent et le publient sous leur propre nom afin d'en tirer pour eux-mêmes la renommée et les compliments qui reviennent à cet autre qu'ils ont traîné dans la boue. Pour ma part, de même que saint Paul se réjouit de ce que la Parole soit annoncée[16], je me félicite de voir mon travail diffusé même par mes ennemis, et je suis heureux que le livre de Luther, dépouillé de la signature de Luther, soit lu sous le nom de ses adversaires. N'est-ce pas là la plus douce[17] des vengeances ?

Je reprends le fil de mon discours. Si votre papiste continue à chicaner sur le mot *sola*, dites-lui tout net que Martin Luther, docteur en théologie, a décidé d'ajouter cette épithète, qu'il a déclaré « âne et papiste, c'est tout un » : « *Hoc volo, sic jubeo, sit pro ratione voluntas*[18] ». Car nous entendons être non pas les élèves et les disciples, mais les maîtres et les juges des papistes. Pour une fois, nous voulons nous aussi nous pavaner et nous mesurer à ces têtes d'ânes. Et de même que Paul s'est glorifié face aux apôtres insensés, de même je veux me glorifier face à mes ânes. Ils sont docteurs ? Moi aussi ! Ils sont érudits ? Moi aussi ! Ils sont prédicateurs ? Moi aussi ! Ils sont théologiens ? Moi aussi ! Ils sont formés à la disputation ? Moi aussi ! Ils sont philosophes ? Moi aussi ! Ils sont dialecticiens ? Moi aussi ! Ils sont professeurs ? Moi aussi ! Ils écrivent des livres ? Moi aussi ![19]

Et j'ai d'autres raisons de me vanter : moi, je suis capable d'interpréter les Psaumes et les prophètes, eux, non. Moi, je sais traduire, eux non. Moi, je sais lire[20] l'Écriture sainte, eux non. Moi, je sais prier, eux non. Et, dans un registre moins

19. Luther parodie et amplifie ici l'apôtre Paul (*cf.* 2 Corinthiens 11:22-23).
20. Ce verbe est à prendre ici au sens scolastique de « donner une *lectio*, une leçon », c'est-à-dire « commenter dans un auditoire universitaire ».

können sie nicht. Und daß ich herunter komme: Ich kann yhr eygen Dialectica und Philosophia baß, denn sie selbs allesamt. Und weiß dazu fürwahr, daß ihr keiner yhren Aristotelem verstehet. Und ist einer unter ihnen allen, der ein *proemium* oder Capitel ym Aristotele recht verstehet, so will ich mich lassen prellen. Ich rede ytzt nicht zuviel, denn ich bin durch yhre kunst alle erzogen und erfahren von jugend auff, weiß fast wol, wie tieff und weit sie ist. So wissen sie auch wol, daß ichs alles weiß und kann, was sie können. Dennoch handeln die heillosen leute gegen mich, als were ich ein gast jnn ihrer kunst, der allererst heut morgen kommen were, und noch nie weder gesehen noch gehört hette, was sie lehren oder können. So gar herrlich prangen sie herein mit ihrer kunst, und lehren mich, was ich vor zwentzig jahren an den schuhen zu rissen habe, daß ich auch mit jener metze auf all ihr plärren und schreien singen muß: Ich habs vor sieben jahren gewist, daß hufnägel eisen sind.

Das sey auff ewr erste frage geantwortet, und bitte euch, wöllet solchen Eseln ja nicht anders noch mehr antworten

21. Aristote, ou le Philosophe comme on le désigne souvent par antonomase, incarne pour Luther tout ce que la philosophie peut avoir de haïssable (*cf.* ses thèses contre la scolastique). Luther se réclame de saint Augustin et « s'oppose aux théologiens scolastiques[,] qu'il juge inféodés à l'*Éthique* d'Aristote. » (Marc LIENHARD, *op. cit.*, 2016, p. 59). Notons toutefois que Luther a étudié Aristote à l'université d'Erfurt entre 1501 et 1505, avant d'enseigner l'*Éthique* d'Aristote à l'université de Wittemberg à partir de 1508 (d'après Marc LIENHARD, *op. cit.*, 2016, p. 15-16, et Lucien FEBVRE, *Martin Luther, un destin*, [1928] 1995, p. 7).
22. Le verbe *prellen* (proche de *prallen*) qu'emploie ici Luther indique comment les chasseurs mettaient à mort les renards (*Füchse*) qu'ils avaient capturés : ils les faisaient rebondir sur un filet tendu jusqu'à ce que mort s'ensuive. Dans les jeux de société, ce verbe caractérise une pénitence subie par un joueur malchanceux, lequel devait sauter sur une sorte de trampoline. Le sens moderne de *prellen* [escroquer] vient d'un jeu de mots : dans les sociétés d'étudiants, les jeunes membres (appelés *Füchse*) devaient souvent payer pour les plus âgés, ceux-ci s'étant éclipsés avant que l'aubergiste ne présente son addition.
23. Ce substantif injurieux désigne sans doute la papauté, comme le donne à penser une image très répandue à l'époque : « En illustrant

élevé : je comprends leur dialectique et leur philosophie mieux qu'eux-mêmes. Et je sais de science certaine qu'aucun d'entre eux n'est capable de comprendre Aristote[21]. Je veux bien me faire battre comme plâtre[22] s'il s'en trouve un seul parmi eux pour interpréter correctement une préface ou un chapitre de ce philosophe. Je n'en dis pas plus ici, car j'ai étudié et pratiqué leur art depuis mon plus jeune âge, de sorte que j'en connais fort bien et la profondeur, et l'étendue. Ils savent d'ailleurs parfaitement que ma science et ma compétence valent les leurs. Ces impies me traitent pourtant comme un nouveau venu à qui ils viennent d'ouvrir les portes de leur corporation, comme un blanc-bec qui n'aurait jamais rien vu ni entendu de ce qu'ils connaissent ou professent. Regardez-les brandir l'étendard de leur science et prétendre m'enseigner ce dont j'ai fait le tour il y a vingt ans ! Et voici qu'ils veulent me contraindre à chanter avec cette putain[23] sur leurs mélodies stridentes et leurs cris d'orfraie : je sais depuis belle lurette que c'est avec du boyau qu'on fait les cordes de violon[24].

Voilà ce que je peux répondre à votre première question. Et surtout, je vous en prie, ne dites rien de plus à ces ânes qui passent leur temps à braire sur le mot *sola*, si ce n'est ceci : ce

le Nouveau Testament traduit par Luther, Lucas Cranach l'Ancien représente la papauté sous la forme d'une prostituée, munie de la tiare et assise sur le dragon à sept têtes évoqué dans le livre de l'Apocalypse. » (Marc LIENHARD, *op. cit.*, 2016, p. 455).
Les écrits de Luther sur la papauté sont pour la plupart d'une rare violence, puisque le Réformateur n'hésite pas à identifier le souverain pontife avec l'Antichrist (cf. WA 6, 454, 12-15) ou à affirmer que la papauté a été instituée par le diable. (*cf.* WA 54, p. 206-299). La seule exception à ces prises de position polémiques est la lettre très conciliante – qui ne sera pas honorée d'une réponse – qu'il a adressée au pape Léon X en octobre 1520 (d'après Marc LIENHARD, *op. cit.*, 2016, p. 462-464, qui fait référence à WA 7).

24. La locution utilisée ici par Luther (« *wissen, daß Hufnägel Eisen sind* ») étant mal connue chez les germanophones eux-mêmes (*cf.* WA 30/II, p. 635, note 5), nous avons tenté de forger un équivalent en transposant l'image dans un domaine cher au cœur du Réformateur : la musique, et plus particulièrement la lutherie. À noter que l'expression « *vor sieben Jahren* » ne doit pas être prise au pied de la lettre : c'est la véhémence du ton de Luther qu'il importe de restituer ici.

auff yhr unnütze geplärre vom wort *Sola*. Luther wils so haben, und spricht, Er sey ein Doctor über alle Doctor im gantzen Papsttum. Da solls bey bleiben. Ich will sie hinfurt schlecht verachten, und veracht haben, so lange sie solche leute (ich wolt sagen) Esel sind. Denn es sind solche unverschempte tropffen unter yhnen, die auch ihr eigen, der Sophisten, kunst nie gelernt haben, wie Doctor Schmidt und Doctor Rotzlöffel, und seine gleichen; und legen sich gleichwohl widder mich jnn dieser sache, die nicht allein über die sophisterey, sondern auch (wie sanct Paulus sagt) über aller welt weisheit und vernunfft ist. Zwar es durfft ein Esel nicht viel singen, man kennet yn sonst wol bey den ohren.

Euch aber und den unsern will ich anzeigen, warumb ich dz wort *sola* hab wollen brauchen. Wiewol Roma. 3 nicht *sola*, sondern *solum* odder *tantum* von mir gebraucht ist. Also genau sehen die Esel meinen text an! Aber doch hab ichs sonst anderswo *sola fide* gebraucht, und will auch beide *solum* und *sola* haben.

Ich hab mich des geflissen ym dolmetzschen, daß ich rein und klar deutsch geben möchte. Und ist uns wol offt begegnet, daß wir viertzehen tage, drey, vier wochen haben einziges wort gesucht und gefragt, habens dennoch zuweilen nicht funden. Im Hiob erbeiteten wir also,

25. L'humaniste Johann Faber (ou Fabri) de Leutkirch (1478-1541) ; il était fils de forgeron (*Schmied* en allemand).
26. Juron très répandu, équivalent de « petit morveux » ; jeu d'assonances sur le nom de Johann Cochlæus, un polémiste anti-luthérien (d'après Marc LIENHARD, *Martin Luther. Un temps, une vie, un message*, 1983, p. 307). Voir dans notre annexe la notice qui lui est consacrée.
27. *Cf.* 1 Corinthiens 1:20.
28. L'expression qu'emploie Luther (« un âne n'a pas besoin de chanter longtemps pour qu'on le reconnaisse à ses oreilles ») ressemble à celle qu'il a utilisée contre Emser en 1521 : « *man [erkennt] den Vogel am Gesang (eigentlich an den Federn) wie den Esel an den Ohren* » [on reconnaît l'oiseau à son chant (ou plutôt à ses plumes), comme on reconnaît l'âne à ses oreilles]. En 1522, Luther utilise contre le pape et les évêques une double analogie (issue d'une fable d'Ésope) qui a inspiré notre version-cible : « *Gleych wie sie Bischoff sind, ßo ist auch yhr lere, das man eynen Esel eyn lawen haud antzöge, ßo ist er*

mot a été voulu par Luther, qui se déclare docteur au-dessus de tous les docteurs de la papauté, et il n'y touchera plus. À l'avenir comme par le passé, je les traiterai par le mépris aussi longtemps qu'ils seront les individus (j'allais dire les ânes) que nous savons. Il y a en effet parmi eux quelques imbéciles présomptueux qui n'ont jamais étudié l'art sophistique dont ils se prétendent dépositaires. Ainsi, Schmidt[25], Rotzlöffel[26] et d'autres docteurs du même acabit s'opposent à moi dans cette affaire qui dépasse non seulement les sophistes, mais aussi (pour parler comme saint Paul) tous les sages et toutes les personnes raisonnables de la terre[27]. Un âne reste un âne, fût-il revêtu d'une peau de lion[28].

Mais à vous et à nos amis, je tiens à expliquer pourquoi j'ai voulu employer l'adjectif *sola* dans ma traduction de Romains 3:28, alors que dans le corps du texte, j'ai opté pour un adverbe (*solum* ou *tantum*). Je suis confondu par l'amour du détail avec lequel ces ânes bâtés examinent mon texte. Dans d'autres passages, j'ai écrit *sola fide*, et j'entends bien maintenir et *solum* et *sola*[29].

Je me suis efforcé dans ma traduction d'écrire en bon et clair allemand. Il nous est arrivé très souvent de chercher un seul mot pendant quinze jours, voire pendant trois ou quatre semaines, sans réussir à le trouver, en dépit de toutes nos questions et de toutes nos recherches. Dans le Livre de Job par exemple, Maître Philipp[30], Aurogallus[31] et moi-même avons parfois travaillé quatre jours sur trois petites lignes. Maintenant que le texte existe en allemand, n'importe qui

doch eyn Esell, das weyssen seyne ohren und gesang. » [Leur doctrine vaut autant que leur titre d'évêque : c'est comme si l'on couvrait un âne d'une peau de lion : il n'en est pas moins âne, comme le révèlent ses oreilles et son braiment.] (d'après Reinhard DITHMAR (éd.), *Luthers Fabeln und Sprichwörter*, [1989] 1995, p. 219-220).

29. *Cf.* Marie-Noëlle FAURE, *Luther et la Réforme*, 2016, p. 41-46 : « La théologie des « quatre *soli*. Le principe de gratuité ».
30. Philipp Melanchthon (1497-1560). Voir notre notice dans l'annexe.
31. Matthäus Aurogallus (1490-1543). Il fait également l'objet d'une notice dans notre annexe.

M[agister] Philipps, Aurogallus und ich, daß wir in vier tagen zuweil kaum drey zeilen kundten fertigen. Lieber – nun es verdeutscht und bereit ist, kanns ein yeder lesen und meistern. Es läufft einer ytzt mit den augen durch drey, vier blätter und stösst nicht *ein*mal an, wird aber nicht gewahr, welche wacken und klötze da gelegen sind, wo er ytzt drüber hingehet, wie über ein gehobelt brett, wo wir haben müssen schwitzen und uns ängsten, ehe denn wir solche wacken und klötze aus dem wege räumeten, auff daß man könnte so fein daher gehen. Es ist gut pflügen, wenn der acker gereinigt ist. Aber den wald und die stöcke ausrotten, und den acker zurichten, da will niemandt an. Es ist bey der welt kein danck zu verdienen, kann doch Gott selbs mit der sonnen, ja mit himmel und erden, noch mit seines eigen sohns tod keinen danck verdienen: Sie sey und bleibe welt des teuffels namen, weil sie ja nicht anders will.

Also habe ich hie Roma. 3. fast wol gewust, daß im Lateinischen und Griechischen Text das wort *Solum* nicht stehet, und hetten mich solchs die papisten nicht dürffen lehren. Wahr ists. Diese vier buchstaben “*s o l a*” stehen nicht

32. La métaphore du champ défriché apparaît dans les *Propos de table* (*Tischreden*) de Luther, lorsqu'il évoque avec reconnaissance le travail théologique accompli par Jan Hus (vers 1369-1415) : « Iohannes Huss sustulit vepres et sentes, sed ego veni *ins pflugfeld.* » (WA TR 2, p. 348-349, propos n° 2177 A et 2177 B) Autre version : « [...] *In Johanne Huss ist der heilige Geist sehr gewaltig gewesen, [...] Er hat etliche Dörner, Hecken und Späen aus dem Weinberge Christi ausgehackt und ausgererottet, und nur des Papsts Missbräuche und ärgerlich Leben angegriffen und gestraft ; aber ich, Doctor Martinus Luther, bin in ein blach, eben, wol gepflügt Feld kommen, und des Papsts Lehre angegriffen, und ihn gestürzt.* » (WA TR 2, p. 349).

33. Ces mots renvoient à la formule bien connue du traité *Du serf arbitre* de 1525 : « Ainsi, la volonté humaine est placée entre les deux [Dieu et Satan], telle une bête de somme. Si c'est Dieu qui la monte, elle veut aller et elle va là où Dieu veut (...). Si Satan la monte, elle veut aller, et elle va, là où veut Satan. » Soumis au diable, le monde ne peut qu'aligner sa volonté sur celle de son maître (Martin LUTHER, *Du serf arbitre*, présentation et traduction Georges Lagarrigue, Paris, Gallimard, 2001, p. 127 ; *cf.* Marc LIENHARD, *Luther. Ses sources, sa pensée, sa place dans l'histoire*, Genève, Labor et Fides, 2016, p. 244-249).

peut le lire et en juger : on peut désormais parcourir des yeux trois ou quatre pages sans achopper, et rien ne laisse plus soupçonner les aspérités et les blocs de pierre qui barraient le passage. Aujourd'hui, on circule commodément, la route est aplanie : et pourtant, mon cher, si vous nous aviez vus au travail, les mains moites, tout tremblants d'angoisse, vous connaîtriez les écueils et les obstacles qui encombraient la route. Il est facile de passer la herse une fois que le champ est labouré[32]. Or, avant de labourer, il faut déboiser et défricher : mais ce sont là des tâches dont personne ne veut se charger. D'ailleurs, le monde est ingrat. Dieu lui-même n'obtient aucune marque de reconnaissance, ni pour le soleil qu'Il fait lever sur les hommes, ni pour le ciel et la terre qu'Il a créés, ni même pour la mort de son Fils unique : le monde se laisse mener par le diable, parce que tel est son bon plaisir[33].

Pour ce qui est de Romains 3, il va sans dire que j'avais remarqué l'absence de *solum* dans le texte latin et dans le texte grec : les papistes n'avaient pas à me l'apprendre. Les quatre lettres qui forment le mot *sola*, c'est vrai, ne figurent pas dans l'original. Ces ânes bâtés restent plantés là devant ces quatre lettres aussi éberlués qu'une poule qui aurait trouvé un couteau[34]. Ils ne voient pas que le texte porte cette idée en lui de façon implicite et que lorsque l'on veut rendre ce passage en allemand sans ambiguïté, il faut ajouter *allein*. En effet, j'ai voulu parler l'allemand, et non pas le latin ou le grec, puisque j'ai entrepris de traduire en allemand. Or, l'usage de la langue allemande est d'utiliser *allein* (*solum,* [seulement,

34. L'expression-source « *[etwas] ansehen wie die Kuh ein new thor* » [« regarder qqch. comme une vache un nouveau portail »] est une expression encore idiomatique de nos jours parmi les germanophones, qui disent « *dastehen wie die Kuh vorm neuen Tor* » [variante : « *vorm Scheunentor* »] dans le sens de « être déconcerté, ne pas savoir comment réagir ». L'expression animalière qui convient pour restituer l'image « paysanne » employée par Luther devait donc elle aussi évoquer le monde agricole ; nous avons retenu « être comme une poule qui a trouvé un couteau », mais nous aurions tout aussi bien pu écrire « être comme une poule qui a couvé un canard » (*cf.* Agnès PIERRON, *Dictionnaire des expressions populaires*, Marabout, 1999, p. 54).

drinnen, welche Eselsköpff ansehen, wie de kuh ein new thor. Sehen aber nicht, daß gleichwohl die meinung des texts jnn sich hat, und wenn man's will klar und gewaltiglich verdeutschen, so gehöret es hinein, denn ich habe Deutsch, nicht Lateinisch noch Griechisch reden wollen, da ich deutsch zu reden ym dolmetzschen mir vorgenommen hatte. Das ist aber die art unser deutschen sprache, wenn sie ein rede begibt von zweien dingen, der man eins bekennet und das ander verneinet, so braucht man des worts "*solum*" (allein) neben dem wort "nicht" oder "kein". Also wenn man sagt "Der Baur bringt allein korn und kein geldt. Item, ich hab warlich itzt nicht geldt, sondern allein korn. Ich hab allein gessen und noch nicht getrunken. Hastu allein geschrieben und nicht überlesen?" Und dergleichen unzählige weise jnn teglichen brauch.

In disen reden allen, ob gleich die lateinische oder kriechische sprach nicht thut, so thuts doch die deutsche, und ist yhr art, daß sie das wort "allein" hinzu setzt, auff daß das wort "nicht" oder "kein" desto völliger und deutlicher sey. Denn wiewohl ich auch sage: "Der Baur bringt korn und kein geldt", so laut das wort "kein geldt" nicht so völlig und deutlich, als wenn ich sage: "Der Baur bringt allein korn und kein geldt", und hilfft hie das wort "allein" dem wort "kein" so viel, daß es eine völlige Deutsche klare rede wird, denn man muß nicht die buchstaben jnn der lateinischen sprachen fragen, wie man soll Deutsch reden, wie diese Esel thun, sondern man muß die mutter im hause, die kinder auff den gassen, den gemeinen mann auff dem marckt drum fragen, und den selbigen auf das maul sehen, wie sie reden, und darnach dolmetzschen; da verstehen sie es denn und mercken, daß man Deutsch mit ihnen redet.

Also wenn Christus spricht: "*Ex abundantia cordis os loquitur*". Wenn ich den Eseln soll folgen, die werden

35. Matthieu 12:34 et Luc 6:45.

36. C'est en ces termes que Louis SEGOND a traduit Matthieu 12:34 ! La *TOB* propose (en Matthieu 12:34 et en Luc 6:45) une version plus

ne… que]) pour renforcer l'idée de négation contenue dans *nicht* et dans *kein* lorsque l'on évoque deux choses en affirmant l'une et en niant l'autre. Ainsi : « le paysan apporte *seulement* du blé, mais pas d'argent » ; « non, je n'ai vraiment pas d'argent pour l'instant, je *n*'ai *que* du blé », « J'ai *seulement* mangé, mais pas encore bu » ou encore : « As-tu *seulement* écrit, mais pas relu ? » On pourrait multiplier les exemples : la langue courante en fournit à foison.

À la différence du grec et du latin, la langue allemande a l'habitude d'ajouter *allein* à toutes les expressions de ce genre afin de renforcer les négations *nicht* et *kein*. Ainsi, lorsque je dis « Le paysan apporte du blé, mais pas d'argent », l'expression « pas d'argent » n'est pas aussi explicite que si je dis : « Le paysan n'apporte que du blé, mais pas d'argent. » Les mots *ne… que* rendent la phrase allemande claire et complète. Car ce n'est pas aux mots du texte latin, comme le font ces ânes, qu'il faut demander comment on parle allemand. C'est à la mère dans son foyer, aux enfants dans les rues, à l'homme du peuple au marché qu'il faut le demander ; écoutez comment parle leur bouche et tenez-en compte en traduisant : c'est ainsi qu'ils vous comprendront et verront que vous leur parlez leur langue.

Ainsi, lorsque Jésus dit « *Ex abundantia cordis os loquitur* »[35], si je m'en tenais à l'enseignement de ces bourriques, qui me montrent un mot après l'autre, je devrais traduire par « c'est de l'abondance du cœur que la bouche parle »[36]. Mais dites-moi, est-ce ainsi que l'on s'exprime en allemand ? Connaissez-vous un seul Allemand qui comprendrait cela ? Qu'est-ce que l'abondance du cœur ? Cette formule ne viendrait pas spontanément à un Allemand, à moins qu'il veuille dire que son cœur est trop grand ou qu'il a trop de cœur. Ce n'est pas de l'allemand, pas plus d'ailleurs que ne sont allemandes des expressions telles

proche de ce que préconise Luther : « Ce que dit la bouche, c'est ce qui déborde du cœur ».

mir die buchstaben vorlegen und also dolmetzschen: "Aus dem überfluß des hertzens redet der mund." Sage mir: Ist das deutsch geredt? Welcher deudscher verstehet solchs? Was ist überfluß des hertzens für ein ding? Das kann kein deutscher sagen, er wollt denn sagen, es sey, daß einer ein allzu groß hertz habe oder zuviel hertzens habe; wiewohl das auch noch nicht recht ist. Denn überfluß des hertzens ist kein deutsch, so wenig, als das deutsch ist, überfluß des hauses, überfluß des kachelofens, überfluß der banck. Sondern also redet die mutter ym hause und der gemeine mann: Wes das hertz voll ist, des gehet der mund über. Das heißt gut deutsch geredt, des ich mich geflissen, und leider nicht allwege erreicht noch getroffen habe. Denn die lateinischen buchstaben hindern über die maßen, seer gut deutsch zu reden.

Also, wenn der verrether Judas sagt, Matthei 26: "*Ut quid perditio haec?*" Und Marci 14: "*Ut quid perditio ista ungenti facta est?*" Folge ich den Eseln und buchstabilisten, so mus ichs also verdeutschen: "Warum ist diese verlierung der salben geschehen?" Was ist aber das für deutsch? Welcher deudscher redet also: "verlierung der salben ist geschehen"? Und wenn ers wohl verstehet, so denckt er, die salbe sey verloren, und er müsse sie etwa wieder suchen; wiewohl das auch noch dunckel und ungewiß lautet. Wenn nu das gut deutsch ist, warumb treten sie nicht herfür, und machen uns ein solch fein, hübsch, new deutsch Testament, und lassen des Luthers Testament liegen? Ich meine ja, sie sollten yhre kunst an den tag bringen. Aber der deutsche man redet also (*Ut quid etc.*): "Was sol doch solcher unrat?" odder: "was

37. Luther a traduit Luc 6:45 par « *Wes das Herz voll ist, des geht der Mund über* » [celui dont le cœur est plein a la bouche qui déborde]. Heinz BLUHM a montré (dans *Luther Translator of Paul. Studies in Romans and Galatians*, 1984) que Luther n'a pas créé cette expression idiomatique, mais qu'il a été le premier à l'utiliser dans un contexte biblique.
38. Matthieu 26:8; version du LUTHER TESTAMENT : « *Wozu diese Vergeudung ?* ».

que « abondance de la maison », « abondance du poêle » ou « abondance du banc ». La mère dans son foyer et l'homme du commun diraient « le trop-plein du cœur sort par la bouche »[37]. Voilà du bon allemand comme je me suis appliqué à l'écrire – en n'y parvenant pas toujours d'ailleurs, car il est parfois extrêmement difficile de s'affranchir de la langue latine pour très bien parler l'allemand.

Autre exemple : lorsque le traître Judas dit, en Matthieu 26 : « *Ut quid perditio haec ?* »[38] ou en Marc 14 : « *Ut quid perditio ista ungenti facta est ?* »[39], je devrais, pour me conformer à l'avis de ces ânes littéralistes, écrire « Pourquoi cette perte du parfum a-t-elle eu lieu ? »[40] Mais est-ce là une phrase allemande ? Quel est l'Allemand qui s'exprimerait en ces termes ? Par ailleurs, l'expression « la perte du parfum a eu lieu » risque d'être comprise comme « le parfum de nard a été égaré », et qu'il s'agit de le chercher pour le retrouver ; mais même interprétée de cette façon, cette formulation demeure obscure et bizarre. Et puis s'ils la trouvent si élégante en allemand, qu'attendent-ils pour venir nous apporter leur belle version allemande du Nouveau Testament, et pourquoi ne laissent-ils pas la traduction de Luther là où elle est ? M'est avis qu'ils devraient faire profiter le monde de leur grand talent. Lorsqu'un Allemand se trouve dans la situation des disciples indignés, il dira par exemple : « Quel gâchis[41] ! », ou : « À quoi bon ce gaspillage ? », ou encore : « C'est dommage pour le parfum ! ». Voilà des expressions bien allemandes qui font comprendre que, du point de vue de Judas, Madeleine a gaspillé le parfum de nard, dont on aurait pu faire meilleur usage.

39. Marc 14:4; version du LUTHER TESTAMENT : « *Was soll diese Vergeudung des Salböls ?* ».
40. Équivalence formelle de la version allemande brocardée par Luther. À titre de comparaison : Matthieu 26:8 a été traduit par « À quoi bon cette perte ? » (L. Segond) et par « À quoi bon, disaient-ils, cette perte ? » (*TOB*) et Marc 14:4 par « À quoi bon perdre ce parfum ? » (L. Segond) et par « À quoi bon perdre ainsi ce parfum ? » (*TOB*).
41. *Schade* = *Verschwendung*.

soll doch solcher schade?" Item: "Es ist schade umb die salbe". Das ist gut deutsch, daraus man verstehet, daß Magdalene mit der verschütten salben sey unrethlich umbgangen, und habe schaden gethan: das war Judas' meinung, denn er gedacht, bessern rat damit zu schaffen.

Item, da der Engel Mariam grüsset und spricht: "Gegrüsset seistu, Maria vol gnaden, der Herr mit dir". Wohlan, so ists bisher schlecht den Lateinischen buchstaben nach verdeutschet. Sage mir aber, ob solchs auch gut deutsch sey. Wo redet der deutsch man also: "du bist vol gnaden"? Und welcher Deutscher verstehet, was gesagt sey "voll Gnaden"? Er muß denken an ein faß voll bier, oder beutel voll geldes. Darumb hab ichs verdeutscht "du holdselige", damit doch ein Deutscher, deste mehr hin zu kann dencken, was der Engel meinet mit seinem gruß. Aber hie wollen die Papisten toll werden über mich, daß ich den Engelischen gruß verderbet habe. Wiewohl ich dennoch damit nicht das beste deutsch habe troffen. Und hette ich das beste deutsch hie sollen nehmen, und den gruß also verdeutschen: "Gott grüsse dich, du liebe Maria (denn so viel will der Engel sagen, und so würde er geredt haben, wenn er hette wollen sie deutsch grüssen). Ich halt, sie sollten sich wohl selbs erhenckt haben für grosser andacht zu der lieben Maria, daß ich den gruß so zu nichte gemacht hette.

Aber was frage ich darnach? Sie toben oder rasen, ich will nicht wehren, daß sie verdeutschen, was sie wollen; ich will aber auch verdeutschen, nicht wie sie wollen, sondern wie ich will. Wer es nicht haben will, der laß mirs stehen, und halt seine meisterschafft bey sich, denn ich will

42. Luc 1:28; dans le *LUTHER TESTAMENT*, on lit ceci : « *Sei gegrüßt, du Begnadete ! Der Herr ist mit dir !* »

43. *Schlecht* = [schlicht], *einfach, geradezu.*

44. « [...] *Χαῖρε, κεχαριτωμένη* [...] » (Luc 1:28). Un ouvrage d'initiation au grec ancien confirme les dires de Luther (pour un contexte évidemment non biblique) : « *Χαῖρε καὶ ἔρρωσο* [signifie] littéralement "réjouis-toi

De même encore, la salutation de Marie par l'ange Gabriel : « Je te salue Marie, pleine de grâce ; le Seigneur est avec toi[42] ». Telle est la version jusqu'ici simplement[43] calquée sur le texte latin : mais dites-moi, est-ce là du bon allemand ? Avez-vous jamais rencontré un Allemand disant à une femme « tu es pleine de grâce » ? D'ailleurs, les Allemands comprennent-ils ce que signifie « pleine de grâce » ? Sachant que les Allemands associent l'adjectif « plein » à un tonneau de bière ou à une bourse remplie d'argent, j'ai écrit « toi qui es gracieuse ». Le lecteur allemand parvient mieux ainsi à se représenter ce que l'ange veut dire par sa formule de salutation[44]. Mais voilà que les papistes me tombent dessus à bras raccourcis, me reprochant d'avoir perverti la salutation de l'ange. Et pourtant, je n'ai pas employé là le meilleur allemand qui soit, car si j'avais voulu écrire de manière idiomatique, j'aurais fait dire à l'ange : « Que Dieu te salue, ma chère Marie » (tel est en effet le sens des mots prononcés par l'ange, et c'est ainsi qu'il aurait salué Marie en allemand). Il s'en est fallu de peu, me semble-t-il, que leur vénération enflammée pour Marie ne les ait conduits à se pendre eux-mêmes parce que j'avais, à leurs yeux, réduit à néant la formule de salutation prononcée par l'ange Gabriel.

Peu me chaut qu'ils écument de rage et qu'ils deviennent cramoisis de colère : je ne ferai rien pour les empêcher de mettre en allemand ce qu'ils veulent. Cependant, j'entends traduire non pas selon leurs consignes, mais comme bon me semble. Et si cela ne leur plaît pas, qu'ils ignorent mon travail et qu'ils rengainent leurs arguties : je ne veux ni les voir, ni les entendre ; je n'attends de leur part ni réponse, ni compte rendu de ma traduction. Vous m'avez

et porte-toi bien !" [...] *Χαῖρε* est la deuxième personne de l'impératif du verbe *Χαὶρω*, je me réjouis. Ce mot *Χαῖρε* est une formule de salutation que les Grecs inscrivaient aussi sur les tombes : *Διονύσιε χαῖρε*, Dionysios réjouis-toi (sois heureux) est un modèle d'épitaphe très fréquent. [...] *χαῖρε* correspond à notre bonjour. » (Salomon REINACH, *Eulalie ou le grec sans larmes*, 1995, p. 23).

sie weder sehen noch hören; sie dürfen für mein dolmetzschen nicht antwort geben, noch rechenschaft thun. Das hörestu wol: Ich will sagen, "Du holdselige Maria, du liebe Maria", und lasse sie sagen "Du volgnaden Maria". Wer Deutsch kann, der weiß wohl, welch ein hertzlich fein wort das ist: die liebe Maria, der lieb Gott, der liebe Keyser, der liebe Fürst, der liebe man, das liebe kind. Und ich weiß nicht, ob man das wort "liebe" auch so hertzlich und gnugsam in Lateinischer oder andern sprachen reden müge, daß es also dringe und klinge ynns hertz, durch alle sinne, wie es thut in unser sprache.

Denn ich halte S. Lucas als ein meister jnn Ebreischer und Greckischer sprache, hab das Ebreisch wort, das der Engel gebraucht, wollen mit dem Greckischem *kecharitomeni* treffen und deutlich geben. Und denck mir, der Engel Gabriel habe mit Maria geredt, wie er mit Daniel redet, und nennet jnn "*Isch Ḥamudoth*" (*vir desideriorum*), das ist "du lieber Daniel". Denn das ist Gabrielis weise zu reden, wie wir im Daniel sehen. Wenn ich nu den buchstaben nach – aus der esel kunst – solt des Engels wort verdeutschen, müßte ich also sagen: "Daniel, du man der begierungen", oder "Daniel, du man der lüste". O, das were schön deutsch! Ein deutscher höret wol, daß "mann", "lüste" oder "begierungen" deutsche wort sind, wie wol es nicht eytel reine deutsche wort sind, sondern "lust" oder "begier" weren wol besser. Aber wenn sie so zusammengefasset werden: "du man der begierungen", so weiß kein deutscher, was gesagt ist; denckt, daß Daniel villeicht voll böser lust stecke. Das hiesse denn fein gedolmetscht. Darum muß ich hie die buchstaben faren lassen, und forschen, wie der Deutsche man solchs redet, welchs der Ebreische man "*Isch Ḥamudoth*" redet. So finde ich, daß der deutsche man also spricht: "Du lieber

45. Il n'y a en allemand qu'une lettre de différence entre l'adjectif « *lieber* » [cher] et le substantif « *die Liebe* » [l'amour].

bien compris : je revendique le droit de dire « Marie, toi qui as la faveur de Dieu » ou « chère Marie », mais je les laisse dire « Marie, pleine de grâce ». Ceux qui maîtrisent l'allemand savent bien ce qu'il y a de cordial et d'affectueux dans des expressions comme « Marie bien-aimée », « le bon Dieu », « l'empereur bien-aimé », « le prince bien-aimé », « le cher homme », « le cher enfant ». Je me demande si l'adjectif allemand « *lieb* »[45] peut être rendu en latin ou dans d'autres langues sans perdre de sa chaleur et de sa faculté de résonner à notre cœur en faisant vibrer nos cinq sens.

Je pense en effet que saint Luc savait le grec et l'hébreu à la perfection, et j'ai voulu rendre les paroles hébraïques de l'ange par le mot grec *κεχαριτωμένη*. L'idée me vient que l'ange Gabriel a parlé à Marie avec les mots qu'il avait adressés à Daniel : « *'ish-ḥamudot* » (*vir desideriorum*), c'est-à-dire « *du lieber Daniel* » [mon cher Daniel][46]. Car c'est ainsi que s'exprime l'ange Gabriel, comme nous le lisons dans le livre de Daniel. Mais si, appliquant les méthodes de certaines bourriques, je mettais en allemand les paroles de l'ange mot à mot, je devrais dire « Daniel, homme des envies » ou « Daniel, homme des désirs ». Le bel allemand que voilà ! Chacun des mots qui forment ces expressions appartient bel et bien à notre langue, n'importe quel Allemand le confirmera. Mais si l'on dit « homme des désirs », aucun Allemand ne comprend ce qui est dit, et certains iront penser que Daniel est habité de mauvais désirs. Quelle brillante traduction nous aurions là ! Voilà pourquoi il faut ici se détacher des mots du texte original et chercher comment un Allemand dirait ce qu'exprime l'hébreu « *ish-ḥamudot* ». C'est ainsi que j'ai découvert ce qu'on dit en allemand, à savoir « mon cher Daniel », « ma chère Marie » ou « jeune fille qui as la faveur de Dieu », « belle demoiselle », « douce jeune femme », et

46. Daniel 9:23, 10:11 et 10:19; « Daniel, homme des prédilections ». La *TOB* propose en variante, dans la note z *ad* Daniel 10:11 : « ou *homme bien-aimé* ».

Daniel, du liebe Maria, oder du holdselige mad, du niedliche jungfraw, du zartes weib", und dergleichen. Denn wer dolmetschen will, muß großen vorrath von worten haben, daß er die wahl könne haben, wo eins an allen orten nicht lauten will.

Und was sol ich viel und lang sagen vom dolmetzschen? Solt ich aller meiner wort ursachen und gedancken anzeigen, ich müßte wol ein jahr dran zu schreiben haben. Was dolmetschen für kunst, mühe und erbeit sey, das hab ich wol erfaren. Darumb will ich keinen Bapstesel noch maulesel, die nichts versucht haben, hierin zum richter oder thadeler leiden. Wer mein dolmetzschen nicht will, der laß es anstehen. Der Teuffel danck jhm, wers ungerne hat oder ohn meinen willen und wissen meistert. Sols gemeistert werden, so will ichs selber thun. Wo ichs selber nicht thu, da lasse man mir mein dolmetzschen mit friden, und mache ein iglicher, was er will, für sich selbs, und habe ym ein gut jar.

Das kann ich mit gutem gewissen zeugen, daß ich meine höchste trew und vleiß drinnen erzeigt, und nye kein falsche gedancken gehabt habe, denn ich habe keinen heller dafür genommen noch gesucht, noch damit gewonnen. So habe ich meine ehre drinnen nicht gemeinet, das weis Gott mein Herr, sondern habs zu dienst gethan den lieben Christen, und zu ehren einem, der droben sitzet, der mir alle stunde so viel guts thut, daß, wenn ich tausent mal so vil und vleissig gedolmetzscht, dennoch nicht eine stunde verdienet hette zu leben, odder ein gesund auge zu haben. Es ist alles seiner gnaden und barmhertzigkeit, was ich bin und habe; ja es ist seines theuren bluts und sauren schweisses, darumb sols auch (ob Gott will) alles yhm zu ehren dienen, mit freuden

47. On raconte que Luther se préoccupait si peu de ses revenus qu'il ne se faisait pas payer pour les cours qu'il donnait à l'université et qu'il déclina l'offre que lui firent les imprimeurs Lotter, Lufft et Schirlentz de lui verser chacun 400 florins de « droits d'auteurs » par an. Cette

ainsi de suite. En effet, un traducteur se doit de disposer d'un vocabulaire riche et varié, afin d'avoir à portée de plume le mot qui convient lorsqu'aucun autre ne peut être utilisé dans un passage donné.

À quoi bon tant s'attarder sur la traduction ? En effet, s'il me fallait motiver et justifier chaque mot que j'ai choisi, j'en aurais pour une année entière. Mais je sais par expérience à quel point la traduction est à la fois un dur labeur et un art difficile : je refuse donc que ces ânes de papistes, qui ne se sont jamais frottés à tel exercice, s'érigent en juges et censeurs de mon travail. Que ceux qui ne veulent pas de ma traduction la laissent en paix. Qu'ils aillent au diable, ceux qui n'aiment pas ma traduction ou qui la corrigent contre mon gré ou à mon insu. S'il faut corriger mon travail, j'aime autant le faire moi-même. Là où je ne le fais pas, j'exige qu'on ne touche pas à ma traduction. Que chacun fasse pour sa part ce qui lui plaît, et grand bien lui fasse.

Je peux le déclarer la main sur le cœur : j'ai traduit le plus fidèlement que j'ai pu et je n'ai pas ménagé ma peine ; jamais je n'ai eu l'idée de tromper. Et puis, je n'ai tiré ni cherché à tirer le plus petit sou de ma traduction[47]. Je n'ai pas travaillé non plus pour étendre ma renommée, Dieu m'en est témoin. J'ai accompli ce travail pour rendre service aux simples chrétiens et pour glorifier le Très Haut, Celui qui, tout au long de ma vie, est si bon pour moi que même si j'avais traduit mille fois plus et mille fois mieux que je ne l'ai fait, je n'aurais pas été digne de vivre ou d'être en bonne santé ne serait-ce qu'une heure : tout ce que je suis et tout ce que j'ai procède de Sa grâce et de Sa miséricorde. C'est le précieux sang et l'âcre sueur de Notre Seigneur qui sont à l'origine de tout : c'est donc avec joie et de tout mon cœur que (si Dieu le veut) je mets tout au service de Sa

attitude, doublée d'une grande générosité à l'égard de tous ceux qui frappaient à sa porte, faisait le désespoir de son épouse Katharina von Bora (d'après Asta SCHEIB, *Kinder des Ungehorsams*, [1985] 1996, p. 170 et p. 218).

unnd von hertzen. Lestern mich die Sudeler und Bapstesel, wol an, so loben mich die frumen Christen sampt yhrem Herrn Christo; und bin allzu reichlich belohnet, wo mich nur ein einiger Christ für einen trewen erbeiter erkennet. Ich frage nach Bapsteseln nichts: sie sind nicht werth, daß sie meine erbeit sollen erkennen, und solt mir ym grund meins hertzen leid sein, daß sie mich lobeten. Ihr lestern ist mein höhester ruhm und ehr: ich will dennoch ein Doctor, ja auch ausbündiger Doctor sein, und sie sollen mir den namen nicht nehmen, bis an den Jüngsten tag, das weiß ich fürwar.

Doch hab ich widderumb nicht allzu frey die buchstaben lassen faren, sondern mit grossen sorgen sampt meinen gehülffen drauff gesehen, daß, wo etwa an einem wort gelegen ist, hab ichs nach den buchstaben gehalten, und bin nicht so frey davon gangen. Als Johannes 6., da Christus spricht: "Diesen hat Gott der Vater versiegelt", da were wol besser deutsch gewest: "Diesen hat Gott der Vater gezeichnet", odder "Diesen meinet Gott der Vater". Aber ich habe eher wollen der deudschen sprache abbrechen, denn von dem wort weichen. Ach, es ist dolmetschen ja nicht eines iglichen kunst, wie die tollen heiligen meinen: Es gehöret dazu ein recht, frum, trew, vleissig, forchtsam, Christlich, geleret, erfarn, geübet hertz. Darumb halt ich, daß kein falscher Christ noch

48. Marc LIENHARD note, dans son *Introduction* au premier volume des *Œuvres* de LUTHER publiées en Pléiade (Gallimard, 1999, p. LI et LII) : « Le seul titre auquel [Luther se soit] référé toute sa vie pour justifier son action était celui de docteur en théologie. [...] C'est ce titre acquis en 1512 qui lui confère le droit et le devoir, pense-t-il, non seulement de débattre des indulgences, mais aussi d'annoncer le pardon des péchés. En tant que docteur, il se sait responsable de l'enseignement et de la prédication de l'Église, et ne peut en être déchargé par aucune instance ecclésiastique. »

49. « *wo etwa an einem wort gelegen ist* » : à la différence de l'édition de Weimar, l'une des deux versions publiées par Karl Bischoff (Max Niemeyer Verlag, Tübingen, 1965, p. 23), à savoir celle qui paru en 1530 chez Georg Rhaw à Wittemberg, donne ici « *wort* » et non pas

gloire. Les scribouillards et ces ânes de papistes n'ont qu'à médire, puisque les chrétiens pieux et Christ leur Seigneur m'applaudissent. Je m'estimerai amplement récompensé si un seul chrétien considère que j'ai travaillé honnêtement. Ces ânes de papistes m'indiffèrent : ils ne sont pas qualifiés pour juger mon travail. Au contraire, s'ils m'adressaient des compliments, je devrais être peiné jusqu'au tréfonds de mon âme : leurs railleries sont pour moi mon plus grand titre de gloire, mais j'entends bien conserver mon titre de docteur[48]. Je prétends même être un docteur modèle, et ils ne m'ôteront pas mon titre jusqu'au Jugement dernier, je le sais pour sûr.

Parfois, pourtant, pour certains passages où un mot[49] compte particulièrement, il m'est arrivé de ne pas trop m'écarter des mots du texte original : nous nous sommes appliqués, mes collègues et moi, à suivre à la lettre la formulation originale. Dans Jean 6 par exemple, nous aurions pu proposer pour rendre les paroles prononcées par le Christ (« c'est lui que le Père, qui est Dieu, a marqué de son sceau.[50] ») un tour plus idiomatique en allemand, tel que « C'est lui que Dieu le Père a désigné » ou « C'est à lui que pense Dieu le Père ». Mais j'ai préféré déroger aux habitudes de la langue allemande plutôt que de m'écarter des mots du texte original. Ah, l'art de la traduction n'est pas à la portée du premier venu, en dépit de ce que pensent ces fous qui se croient sacro-saints : pour bien traduire, il faut un cœur juste, pieux, loyal, persévérant, fervent, chrétien, savant, compétent et expérimenté. Je considère par conséquent qu'il est impossible à un mauvais chrétien ou à un esprit sectaire de faire une traduction fidèle. La publication à Worms[51] d'une traduction allemande des livres des

« *ort* ». Rudolf Lehmann (éd. Philipp Reclam junior, Leipzig, 1887, p. 19) a lui aussi lu « *Wort* ». *Cf.* aussi WA 38, 13, 5.

50. Jean 6:27 (cité selon la *TOB*).

51. Luther fait ici allusion à la traduction, publiée en 1527 (chez Peter Schöffer à Worms), par l'antitrinitarien Ludwig Haetzer et l'anabaptiste Hans Denck, des Livres Prophétiques (à savoir Josué, Juges, Samuel, Rois, Esaïe, Jérémie, Ezéchiel, Osée, Joël, Amos, Abdias, Jonas, Michée, Nahoum, Habaquq, Sophonie, Aggée, Zacharie et Malachie).

rottengeist trewlich dolmetzschen könne, wie das wol scheinet jnn den propheten zu Wormbs verdeutschet, darinn doch warlich grosser vleis geschehen, und meinem deutschen fast nach gangen ist. Aber es sind Juden dabey gewest, die Christo nicht grosse hulde erzeigt haben, sonst were kunst und vleiß genug da.

Das sey vom dolmetzschen und art der sprachen gesagt. Aber nu habe ich nicht allein der sprachen art vertrawet und gefolget, daß ich zun Römern am dritten "*Solum*" (Allein) hab hinzu gesetzt: Sondern der Text und die meinung S. Pauli foddern und erzwingens mit gewalt, denn er handelt ja daselbs das hauptstück Christlicher lehre, nemlich, daß wir durch den glauben an Christum ohn alle werck des gesetzs gerecht werden, und schneidt alle werck so rein ab, daß er auch spricht, des gesetzes (das doch Gottes gesetz und wort ist) werck nicht helffen zur gerechtigkeit. Und setzt zum exempel Abraham, daß der selbige sey so gar on werck gerecht worden, daß auch das höhest werck, das dazumal new geboten ward von Gott vor und über allen andern gesetzen und wercken, nemlich die beschneidung, yhm nicht geholffen hab zur gerechtigkeit, sondern sey ohn die beschneidung und on alle werck gerecht worden durch den glauben, wie er spricht Cap. 4: "Ist Abraham durch werck gerecht worden, so mag er sich rühmen, aber nicht vor Gott." Wo man aber alle werck so rein abschneidt – und da muß ja die meinung sein –, daß allein der glaube gerecht mache, Und wer deutlich und dürre von solchem abschneiden der werck reden will, der muß sagen: Allein der glaube, und nicht die werck machen uns gerecht: das zwinget die sache selbs, neben der sprachen art.

52. Dans le *Septembertestament* (1522), Luther a traduit ce segment par « *on zuthun der werck des gesetzs / alleyn durch den glawben* » [sans la contribution des œuvres de la loi, par la foi seule]. Comme le souligne Catherine DEJEUMONT dans « Le *Septembertestament* (1522). Martin Luther et la langue allemande », 2001, p. 172 : « [...]

prophètes l'a démontré avec éclat : force est de reconnaître que ces traducteurs se sont donné beaucoup de peine et qu'ils suivent de très près ma version allemande. Mais des Juifs ont participé à leurs travaux, qui ne se sont pas montrés très dévots à l'égard du Christ ; et pourtant, il y avait là assez de savoir-faire et de zèle.

Voilà ce que je peux dire de la traduction et des manières de dire propres à chaque langue. Sachez cependant que le génie de la langue allemande n'a pas été le seul critère en fonction duquel j'ai ajouté *solum / allein* en traduisant Romains 3:28 : c'est le texte original lui-même et le message de saint Paul qui demandent, ou plutôt exigent, une telle interprétation. En effet, Paul expose là le point central de la doctrine chrétienne, à savoir que nous sommes justifiés par la foi en Christ, sans[52] les œuvres de la loi. Il supprime si nettement toutes les œuvres qu'il va jusqu'à dire que les œuvres de la loi (toute Loi et Parole de Dieu qu'elle soit) ne sont d'aucun secours pour notre justification. L'apôtre cite l'exemple d'Abraham, lequel, dit-il, a été justifié sans aucune œuvre et pour qui la circoncision, qui pourtant constituait alors l'œuvre la plus noble, l'œuvre nouvelle demandée par Dieu, n'a servi de rien pour sa justification. En d'autres termes, Abraham a été justifié sans avoir été circoncis et sans avoir accompli aucune œuvre, car comme il est dit au chapitre 4[53], « si Abraham avait été justifié par ses œuvres, il pourrait en tirer gloire, mais non devant Dieu ![54] » Si l'on supprime toutes les œuvres avec une telle netteté, et c'est assurément le sens de l'expression *la justification par la foi seule*, et si l'on veut déclarer de façon claire et nette qu'il est fait abstraction des œuvres, force est de dire que

pour Luther, seule cette formulation confère à ce passage central de l'Écriture la clarté nécessaire à sa compréhension. »

53. Romains 4:2.
54. Luther fait ici l'ellipse de « devant les humains », car il a l'habitude d'opposer *coram Deo* [devant Dieu] et *coram hominibus* [devant les hommes].

Ja, sprechen sie: Es laut ärgerlich, und die leute lernen daraus verstehen, daß sie keine gute werck thun dürffen. Lieber, was sol man sagen? Ists nicht viel ergerlicher, daß S. Paulus selbs nicht sagt, "Allein der glaube", Sondern schüttets wohl gröber heraus und stösset dem faß den boden aus und spricht: "ohn des gesetzes werck", und zun Galathern am andern: "nicht durch die werck des gesetzes", und das viel mehr an andern orten. Denn das wort "allein der glaube" möchte noch eine glose finden, aber das wort "ohn werck des gesetzes" ist so grob, ergerlich, schändlich, daß man mit keiner glose helffen kan. Wie viel mehr möchten hieraus die leute lernen, kein gute werck thun, da sie hören mit so dürren, starken worten von den wercken selbs predigen "kein werck", "ohn werck", "nicht durch werck". Ist nu das nicht ergerlich, daß man "ohn werck", "kein werck", "nicht durch werck" predigt: Was solts denn ergerlich sein, so man dies: "allein der glaube" predigt?

Und was noch ergerlicher ist, S. Paulus verwirfft nicht schlechte, gemeine werck, Sondern des gesetzes selbs. Daraus möchte wohl yemand sich noch mehr ergern und sagen, Das gesetz sey verdampt und verflucht vor Gott, und man solle eytel böses thun, wie die theten zun Römern am dritten: "Laß uns böses thun, auff daß es gut werde", wie auch ein rotten geist zu unser zeit anfieng. Solt man umb solcher ärgernis willen S. Pauli wort verleugnen, oder nicht frisch und frey vom glauben reden? Lieber, eben S. Paulus und wir wollen solch ergernis haben, und leren umb keiner ander ursachen willen so starck wider die werck und treiben allein auff den glauben, daß die leute sich sollen ergern, stossen

55. Luther emploie l'expression « *gute werck* » [les œuvres bonnes] dans sa traduction de Romains 2:7; nous utilisons ici l'équivalent (« bien faire ») que proposent L. SECOND et la *TOB*.

56. « Zun Galathern am andern » renvoie à Galates 2:16.

57. Ernst Kähler lit ici non pas *schlecht*, mais *schlicht* (éditions Philipp Reclam Jun., Stuttgart, 1962, p. 165). C'est cette leçon que nous suivons, car ce qu'affirme ici Luther, c'est que saint Paul rejette non pas les œuvres mauvaises, mais précisément les œuvres bonnes (à

seule la foi, et non les œuvres, nous justifie : c'est ce que commandent à la fois la matière et l'usage de la langue.

C'est là une formulation malheureuse, diront certains, car les gens risquent de comprendre qu'ils n'ont pas le droit de bien faire[55]. Que voulez-vous que je vous dise, mon cher ? N'est-il pas beaucoup plus gênant que saint Paul lui-même proclame non pas « la foi seule », mais, en y allant dru, « sans les œuvres de la loi » ? De même, il écrit « pas par les œuvres de la loi » dans son Épître aux Galates[56] et en maints autres passages. En effet, si la formule « la foi seule » peut à la rigueur faire l'objet de gloses, l'expression « sans les œuvres de la loi » est quant à elle si brutale, si outrageante, si déplaisante qu'aucune glose ne pourrait aider à la faire passer. À force de leur répéter en termes vigoureux « aucune œuvre », « sans les œuvres » ou « pas par les œuvres », ne risque-t-on pas d'amener les gens à penser qu'ils ne doivent pas faire d'œuvres bonnes ? S'il n'est pas choquant de prêcher « aucune œuvre », « sans les œuvres » ou « pas par les œuvres », pourquoi donc s'offusquerait-on à l'idée de prêcher « la foi seule » ?

Mais, chose plus contrariante encore, ce ne sont pas les œuvres simples[57], communes, que rejette saint Paul, mais les œuvres selon la loi elle-même. Il y a de quoi être encore plus contrarié, et certains diront : « Que la loi soit maudite devant Dieu ! Faisons donc le mal afin qu'il en résulte du bien ![58] » comme il est dit en Romains 3:8, et ils inciteront à mal agir, comme a commencé à le faire un esprit sectaire de notre époque[59]. Est-ce à dire qu'il faille contester la parole de saint Paul pour qu'elle cesse de déranger ? Ne vaut-il pas mieux parler de la foi tout de go ? Sachez, mon cher, que saint Paul et nous, nous cherchons précisément à déranger,

commencer par l'obéissance aux dix commandements) dans la mesure où elles sont accomplies pour gagner la miséricorde de Dieu (et seulement dans cette mesure).

58. D'après Romains 3:8.

59. Luther pense sans doute à Thomas Müntzer (1490 ?-1525), qui a participé au soulèvement des paysans de 1524-1525.

und fallen, damit sie mügen lernen und wissen, daß sie durch ihre gute werck nicht frum werden, sondern allein durch Christus' tod und aufferstehen. Können sie nun durch gute werck des gesetzes nicht frum werden, wie viel weniger werden sie frum werden durch böse werck und ohn gesetz! Darumb folget es nicht, Gute werck helffen nicht, darumb helffen böse werck, gleich als nicht fein folgt: Die Sonne kann dem blinden nicht helffen, daß er sehe, darumb muß ihm die nacht und finsternis helffen, daß er sehe.

Mich wundert aber, daß man sich jnn dieser öffentlichen sache so mag sperren. Sage mir doch, ob Christus' tod und aufferstehen unser werck sey, das wir thun, oder nicht? Es ist ja nicht unser werck, noch einiges gesetzes werck. Nu macht uns ja allein Christus' tod und aufferstehen frey von sünden und frum, wie Paulus sagt Ro. 4: "Er ist gestorben umb unser sunde willen, und aufferstanden umb unser gerechtigkeit willen." Weiter sage mir: Welchs ist das werck, damit wir Christus' tod und aufferstehen fassen und halten? Es muß ja kein äusserlich werck, sondern allein der einige glaube ym hertzen sein, der selbige allein, ja gar allein, und ohn alle werck fasset solchen tod und aufferstehen, wo es gepredigt wird durchs Evangelion. Was ists denn nu, daß man so tobet und wütet, ketzert und brennet, so die sache im grunde selbs klerlich da ligt und beweiset, daß allein der glaube Christus' tod und aufferstehen fasse ohne alle werck, und der selbige tod und aufferstehen sey unser leben und

60. Dans ce texte comme dans sa traduction de la Bible, Luther emploie l'adjectif *frum [fromm]* pour rendre le latin *justus* et le grec δίκαιος. *Frum* ne correspond que rarement au latin *pius*, et donc au français *pieux* (d'après Maurice GRAVIER, in : Martin LUTHER, *Les grands écrits réformateurs*, [1955], 1992, p. 250, note 6).

61. Romains 4:25.

62. « *sondern allein der einige glaube* » : on trouve dans l'édition de Weimar « *der ewige Glaube* » (« la foi éternelle »), mais l'une des deux versions publiées par Karl Bischoff (Max Niemeyer Verlag, Tübingen, 1965, p. 27), à savoir celle qui parut en 1530 chez Georg Rhaw à Wittemberg, donne ici « *einige* » et non pas « *ewige* ». C'est aussi la

et que c'est précisément pour cette raison que nous prêchons avec tant d'insistance contre les œuvres et en faveur de la foi seule : nous voulons déranger, offusquer, désarçonner les gens, afin qu'ils apprennent et sachent qu'ils seront justifiés non pas par leurs œuvres, mais uniquement par la mort et la résurrection du Christ. Comme ils ne pourront pas devenir justes[60] en accomplissant des œuvres bonnes selon la loi, ils pourront bien moins encore prétendre être justifiés par des œuvres mauvaises et sans la loi. Il ne s'ensuit donc pas que des œuvres mauvaises pourraient concourir au salut pour la seule raison que les œuvres bonnes n'y concourent pas ; de même, la nuit et les ténèbres ne sauraient rendre la vue aux aveugles pour la seule raison que le soleil ne le peut pas.

Pour ma part, je m'étonne qu'on puisse à ce point buter sur une chose aussi évidente. Dites-moi : la mort et la résurrection du Christ sont-elles notre œuvre, oui ou non ? Ce n'est pas notre œuvre, ni l'œuvre de quelque loi que ce soit. Or, seules la mort et la résurrection du Christ nous libèrent de tous nos péchés et nous rendent justes, comme le dit Paul en Romains 4 : « Jésus est mort pour nos péchés, et il est ressuscité pour notre justification[61] ». Et puis dites-moi : quelle œuvre nous permet de saisir et de conserver la mort et la résurrection du Christ ? Ce n'est pas une œuvre extérieure, mais la foi seule, la foi unique[62] qui réside dans notre cœur. C'est cette foi seule, toute seule qui, sans aucune œuvre, nous fait recevoir la mort et la résurrection telles qu'elles sont annoncées dans l'Évangile. Comment se fait-il alors que certains enragent, fulminent,

leçon que retient Rudolf Lehmann (éd. Philipp Reclam junior, Leipzig, 1887, p. 22). Comme ces éditeurs, nous estimons que « *der einige Glaube* », c'est-à-dire « la foi unique » (*einig* ayant le sens de *einzig* dans la langue du XVIe siècle), correspond plus vraisemblablement à ce qu'a écrit Luther et que « *ewige* » a de grandes chances d'être une erreur de lecture : la foi est une, avant comme après la mort et la Résurrection du Christ (*cf.* Hébreux 11), mais elle n'est pas « éternelle », car Abraham ne pouvait pas encore croire à cette Résurrection. Nous remercions Michel Grandjean de son avis éclairé sur ce point.

gerechtigkeit? So es denn an ihm selbs öffentlich also ist, daß allein der glaube uns solch leben und gerechtigkeit bringet, fasset und gibt, Warumb soll man denn nicht also reden? Es ist nicht ketzerei, daß der glaube allein Christum fasset, und das leben gibt. Aber ketzerei muß es sein, wer solchs sagt oder redet. Sind sie nicht toll, töricht und unsinnig? Die sache bekennen sie für recht, und strafen doch die rede von der selbigen sache für unrecht: Einerley zu gleich mus beide recht und unrecht sein.

Auch bin ichs nicht allein, noch der erste, der da sagt, allein der glaube macht gerecht. Es hat vor mir Ambrosius, Augustinus und viel andere gesagt. Und wer S. Paulum lesen und verstehen soll, der muß wol so sagen, und kann nit anders. Seine wort sind zu starck, und leiden kein, ja gar kein werck. Ists kein werck, so muß der glaube allein sein. O wie solt es so gar eine feine, besserliche, unergerliche lehre sein, wenn die leute lernten, daß sie neben dem glauben, auch durch werck frum möchten werden. Das were so viel gesagt, daß nicht allein Christus' tod unser sünde weg neme, sondern unsere werck theten auch etwas dazu. Das hieße Christus' tod fein geehret, daß unser werck ihm hülffen, und könnten das auch thun, was er thut, auff daß wir jhm gleich gut und starck weren. Es ist der Teufel, das das blut Christi nicht kan ungeschendet lassen.

Weil nu die sache jm grund selbs foddert, daß man sage: "Allein der glaub macht gerecht", Und unser deutschen sprache art, die solchs auch lernt also aus zusprechen. Habe

63. Le texte-source dit ici « *und kan nit anders* » (WA 30/II, 642, 28). Il est difficile de ne pas lire cette formulation comme une réminiscence de la brève tirade improvisée (en latin, mais conclue en allemand) par Luther le 18 avril 1521 devant la Diète de Worms : « [...] je ne puis ni ne veux rétracter quoi que ce soit [...] *Ich kan nicht anderst, hie stehe ich, Got helff mir* [je ne puis faire autrement, c'est ma position, que Dieu me soit en aide] ». (voir Michel GRANDJEAN, *La Réforme. Matin du monde moderne*, 2016, p. 23-26.)

64. Par antonomase, l'Apôtre désigne saint Paul.

chassent les hérétiques, voire dressent des bûchers alors qu'au fond, l'affaire est limpide et qu'il est démontré que la foi seule, à l'exclusion de toutes les œuvres, permet de saisir la mort et la résurrection du Christ et que cette mort et cette résurrection nous donnent la vie et nous justifient ? Par conséquent, s'il est évident pour tous que seule la foi peut nous apporter, nous donner et nous faire saisir une telle vie et une telle justification, comment se fait-il que l'on ne puisse pas le dire ? Ainsi, ce n'est pas une hérésie de dire que seule la foi saisit le Christ et donne la vie, et pourtant on traite d'hérétique celui qui exprime une telle idée. Ne sont-ils pas fous, stupides et insensés ? Ils reconnaissent l'idée pour vraie, mais jugent faux le discours qui l'énonce. Or, il n'y a rien qui ne puisse être à la fois vrai et faux.

Je ne suis d'ailleurs ni le seul, ni le premier à affirmer la justification par la foi seule : parmi mes nombreux devanciers, je peux citer Ambroise et Augustin. Pour lire et comprendre saint Paul, il faut exprimer l'idée en ces termes, et l'on ne peut pas faire autrement[63]. Les mots employés par l'Apôtre[64] sont si vigoureux qu'ils ne souffrent aucune œuvre, absolument aucune. Or, s'il n'y a aucune œuvre, alors il faut que la foi soit seule. Oh, je vois d'ici la belle doctrine édifiante et réconfortante que nous aurions si l'on prêchait que pour être justifiés, il nous faut non seulement croire, mais aussi agir ! Cela reviendrait à dire que la mort du Christ ne suffit pas pour ôter le péché du monde, et que les œuvres humaines doivent apporter leur contribution pour assurer le salut des hommes. Quel bel hommage nous rendrions ainsi au Christ qui est mort pour nous en l'aidant par nos œuvres ! Cela signifierait que nos œuvres sont aussi efficaces que ce qu'Il a fait, en d'autres termes que nous sommes aussi bons et aussi forts que Lui. Mais c'est le Diable qui ne peut pas s'empêcher de souiller le sang du Christ !

Parce que la matière elle-même commande que l'on dise que la justification dépend de la foi seule ; parce que le bon usage de la langue allemande enseigne de s'exprimer ainsi ;

dazu der Heiligen väter exempel, und zwinget auch die fahr der leute, daß sie nit an den wercken hangen bleiben, und des glaubens feilen, und Christum verlieren, sonderlich zu dieser zeit, da sie so lang her der werck gewohnet, und mit macht davon zu reissen sind. So ists nicht allein recht, sondern auch hoch von nöten, daß man auffs aller deutlichst und völligst eraus sage: “Allein der glaube, on werck macht frum”, und rewet mich, daß ich nit auch dazu gesetzt habe “alle” und “aller”, also “ohn alle werck aller gesetz”, daß es voll und rund eraus gesprochen were. Darumb solls in meinem Newen Testament bleiben und sollten alle Papstesel toll und töricht werden, so sollen sie mirs nicht eraus bringen. Das sey yetzt davon gnug: Weiter will ich (so Gott gnade gibt) davon reden jm büchlin *De justificatione*.

Auff die ander frage, ob die verstorben Heiligen für uns beten. Darauff will ich itzt kürzlich antworten. Denn ich gedencke einen *Sermon von den lieben Engeln* auszulassen, darin ich dies stücke weiter (wils Gott) handeln werde. Erstlich wisset yhr, daß im Bapstum nicht allein geleret ist, daß die Heiligen ym hymel für uns bitten, welchs wir doch nicht wissen können, weil die Schrift uns solchs nicht sagt;

65. On notera que la polémique liée au *allein* de la traduction de Luther est aujourd'hui largement dépassée : les exégètes tant protestants que catholiques renoncent à insérer l'adjectif incriminé dans leurs traductions, mais soulignent comme Luther l'opposition radicale opérée par Paul : ainsi dans la *Traduction œcuménique de la Bible* de 1972, réalisée par des théologiens des deux confessions, la version française suit au plus près le texte de Paul, « l'homme est justifié par la foi », mais souligne en note que l'adjonction de Luther « ne trahit cependant pas la pensée de Paul » (*TOB*, ad Romains 3:28).
66. Luther n'a pas terminé la rédaction de ce petit traité ; il a partiellement utilisé divers fragments de cette ébauche dans d'autres écrits. L'édition de Weimar reproduit divers brouillons et notes (voir WA 30/II, p. 657-676).
67. Ce qu'il n'a finalement pas fait ; l'édition de Weimar a néanmoins publié (WA 32, p. 111*sqq.*) un *Sermon von den lieben Engeln.* (voir aussi la note 33, p. 168 de l'édition Philipp Reclam junior, Stuttgart, [1962] 1995).

parce que l'exemple des saints Pères de l'Église me permet d'étayer mes dires ; enfin, parce que le danger que courent les humains exige qu'on les empêche de s'accrocher à leurs œuvres et de passer à côté de la foi, car une telle attitude les conduit à perdre le Christ, tout particulièrement à notre époque, puisqu'ils ont une longue habitude des œuvres et que l'on doit les en arracher de force ; pour toutes ces raisons, il est non seulement exact, mais aussi nécessaire au plus haut point de proclamer très clairement et très nettement que seule la foi justifie, indépendamment des œuvres. Je regrette de ne pas être allé jusqu'à ajouter « de quelque œuvre de quelque loi que ce soit », ce qui aurait ôté toute ambiguïté. Pour toutes ces raisons, *allein* restera dans ma version allemande du Nouveau Testament. Tous ces ânes de papistes dussent-ils tomber fous et enragés, ils ne me feront pas retirer ce mot[65]. J'arrête ici cet exposé, car j'ai l'intention de le reprendre plus amplement (si Dieu me donne la grâce de le faire) dans un traité qui sera intitulé *De justificatione*[66].

Venons-en maintenant à votre seconde question, qui est de savoir si les saints prient pour nous. Je vous répondrai brièvement pour l'heure, car j'ai le projet de publier un *Sermon sur les anges*[67], dans lequel (si Dieu le permet) j'approfondirai ce sujet. Tout d'abord, vous savez que chez ceux qui écoutent le pape, on professe non seulement (chose que nous ne pouvons pas savoir puisque les Écritures sont muettes sur ce point) que les saints qui sont au ciel intercèdent en notre faveur, mais encore que les saints deviennent des divinités et qu'ils constituent des saints patrons que nous pouvons invoquer. Ensuite, on vénère des saints qui n'ont jamais existé, et puis l'on prête à chaque saint un pouvoir particulier, tel étant censé protéger contre le feu, tel autre contre l'eau, un troisième contre la peste, la fièvre et toutes sortes de maux. Or, si les saints avaient effectivement accompli et réalisé à la place de Dieu tout ce qu'on leur attribue, Dieu lui-même ne serait qu'un fainéant. Les papistes eux-mêmes se rendent bien compte maintenant de l'ignominie d'un tel raisonnement : alors, l'air

Sondern auch, daß man die Heiligen zu Götter gemacht hat, daß sie unser Patron haben müssen sein, die wir anruffen sollen. Etlich auch die nye gewest sind, Und einem iglichen Heiligen sonderliche krafft und macht zugeeigent, einem über fewr, diesem über wasser, diesem über pestilenz, fieber und allerley plage, daß Gott selbs hat gar müssig sein müssen, und die Heiligen lassen an seiner statt wircken und schaffen. Diesen grewel fühlen die Papisten yetzt wol, und ziehen heimlich die pfeiffen ein, putzen und schmücken sich nu mit dem fürbitt der Heiligen. Aber dies will ich ytzt auffschieben. Aber was gillts, ob ichs vergessen, und solchs putzen und schmücken also ungebüsset hin gehen lassen werde?

Zum andern wisset ihr, daß Gott mit keinem wort geboten hat, weder Engel noch Heiligen um fürbitt anzuruffen. Habt auch yn der Schrifft des kein exempel; denn man findet, daß die lieben Engel mit den vätern und propheten geredt haben, Aber nie keiner ist von yhnen um fürbit gebeten worden. Auch der Erzvater Jacob seinen kampffengel nicht um fübit bat, sondern nahm allein den segen von yhm. Man findet aber wohl das widerspiel in Apocalypsi, da der Engel sich nicht wolt lassen anbeten von Johanne. Und findet sich also, daß Heiligen dienst sey ein lauter menschen tandt, und ein eygen fündlin ausser Gottes wort und der schrifft.

Weil uns aber jnn Gottes dienst nichts gebührt vorzunehmen ohn Gottes befehl, Und wer es furnimpt, das ist ein Gottes versuchunge, Darumb ists nicht zu rathen noch zu leiden, daß man die verstorbenen Heiligen umb fürbitt anruffe, odder anruffen lehre; Sondern sols vielmehr

68. Genèse 32:24-30.
69. Apocalypse 22:8-9.
70. Deutéronome 6:16, Luc 4:12, 1 Corinthiens 10:9.
71. Le 2 juillet 1505, le jeune Luther est surpris par un orage très violent près de Stotterheim. Il invoque alors sainte Anne et lui promet de se faire moine s'il n'est pas tué par la foudre, qui était à l'époque « unanimement

de rien, ils font marche arrière, et maquillent ce qu'ils ont dit en mettant en avant l'intercession des saints. Mais c'est là une question dont je traiterai plus tard. Je promets de ne pas l'oublier, et qu'ils ne s'en tireront pas sans payer pour leur désinvolture.

Vous savez aussi que Dieu n'a jamais demandé que l'on ait recours à l'intercession ni des anges, ni des saints. L'Écriture elle-même n'en donne aucun exemple : ainsi, lorsque les anges parlent aux patriarches ou aux prophètes, personne, ni parmi nos pères, ni parmi les prophètes, n'a jamais demandé aux anges d'intercéder en sa faveur. Le patriarche Jacob par exemple demande à l'ange avec lequel il a combattu non pas une intercession, mais simplement sa bénédiction[68]. On trouve dans l'Apocalypse une scène analogue, mais renversée, lorsque l'ange s'oppose à ce que Jean se prosterne devant lui pour l'adorer[69]. Cela signifie que la vénération des saints est une invention purement humaine, qui n'a de fondement ni dans la parole de Dieu, ni dans l'Écriture sainte.

En ce qui concerne la célébration du culte, il ne sied pas aux humains de devancer les ordres de Dieu ; ceux qui prennent des initiatives dans ce domaine mettent Dieu à l'épreuve[70]. On ne saurait donc ni recommander, ni même tolérer que l'on fasse appel à l'intercession des saints ou que l'on enseigne d'agir ainsi : il faut au contraire condamner de telles pratiques et professer qu'il faut les éviter. Ne comptez donc pas sur moi pour vous conseiller un tel comportement : je ne veux pas charger ma conscience du forfait d'autrui. J'ai moi-même eu beaucoup de peine à m'arracher de la dévotion envers les saints[71], parce que j'étais moi-même prisonnier de ces pratiques au point de risquer la perdition. Mais

considérée comme le glaive de Dieu » (Pierre MAURY, *Trois histoires spirituelles*, [1931] 1962, p. 105). N'oublions pas que sainte Anne était la patronne des mineurs, et que le père de Luther travaillait dans l'extraction minière. (*cf.* Marc LIENHARD, *Martin Luther. Un temps, une vie, un message*, 1983, p. 32-33, et Marc LIENHARD, *Luther. Ses sources, sa pensée, sa place dans l'histoire*, 2016, p. 15-17.)

verdamnen und meiden leren. Derhalben ich auch nicht dazu raten, und mein gewissen mit frembder missethat nicht beschweren will. Es ist mir selber aus der maßen sauer worden, daß ich mich von den Heiligen gerissen habe, Denn ich über alle maße tieff darinnen gesteckt und ersoffen gewest bin. Aber das liecht des Evangelij ist nu so helle am tage, daß hinfurt niemand entschuldigt ist, wo er ym finsternis bleibt. Wir wissen fast alle wohl, was wir thun sollen.

Aber das so ists an ym selbs ein färlicher ergerlicher dienst, daß die leute sich gewonen gar leicht, sich von Christo zu wenden, und lernen bald mehr zuversicht auf die Heiligen, denn auff Christo selbs zu setzen, Denn es ist die natur ohn das all zu sehr geneigt, von Gott und Christo zu fliehen, und auf menschen zu trawen. Ja, es wird aus der maßen schweer, daß man lerne, auff Gott und Christum trawen, wie wir doch gelobt haben und schuldig sind. Darumb ist solch ergernis nicht zu dulden, damit die schwachen und fleischlichen leute ein Abgöterey anrichten widder das Erste gebot und widder unser tauffe. Man treibe nur getrost die zuversicht und vertrawen von den Heiligen zu Christo, beide mit lehren und üben; es hat dennoch mühe und hindernis gnug, daß man zu ihm kompt und recht ergreift. Man darff den Teufel nicht über die thür malen, Er findet sich wol selbs.

Zu letzt, sind wir ja gewiß, daß Gott nicht drumb zürnet, und sind wol sicher, ob wir die Heiligen nicht umb fürbit anruffen, weil ers nirgent geboten hat. Denn er spricht, daß er sei ein eyfferer, der die missethat heimsucht an denen, die sein gebot nicht halten. Hier aber ist kein gebot, darumb auch kein zorn zu fürchten. Weil denn hie

72. Voir Ernst THIELE (éd.), *Luthers Sprichwörtersammlung*, Weimar, 1900, p. 324-328, et Gérard ILG, *Proverbes français, suivis des équivalents en allemand, en anglais, en espagnol, en italien et en néerlandais*, 1960, p. 9 (n° 63 : *Unglück kommt ungerufen. Man soll das Unglück nicht berufen*) et p. 28 (n° 195 : *Man soll den Teufel nicht versuchen*).

73. Deutéronome 6:15.

aujourd'hui la lumière de l'Évangile brille de tous ses feux : personne n'a plus d'excuse s'il reste à croupir dans l'obscurité. Nous savons tous fort bien ce que nous avons à faire.

Il est à la fois dangereux et fâcheux que les chrétiens prennent si facilement l'habitude de se détourner du Christ et de placer toute leur confiance dans les saints plutôt qu'en Christ. Car même sans tout cela, les humains sont par nature portés à fuir Dieu et le Christ et à se fier à leurs semblables. Il devient extrêmement difficile d'apprendre à placer sa confiance en Dieu et en Christ, comme nous devons pourtant le faire puisque nous en avons fait le serment. Il s'ensuit qu'on ne saurait tolérer que des hommes faibles et prisonniers de la chair se fassent des idoles en violation du premier commandement et au mépris des vœux de notre baptême. N'hésitons donc pas à prêcher et à travailler de manière que les croyants reprennent la foi qu'ils avaient placée dans les saints et qu'ils la mettent en Christ : le chemin qui mène vers le Seigneur et à la pleine intelligence de sa Parole est assez semé d'embûches et de pierres d'achoppement sans que l'on en rajoute. Il ne faut pas tenter le diable. Les malheurs viennent sans qu'on les appelle[72].

Enfin, nous pouvons être sûrs de ne pas encourir la colère de Dieu et d'être tout à fait en sécurité même si nous ne faisons pas appel à l'intercession des saints. En effet, non seulement Dieu ne nous a jamais demandé d'en appeler aux saints, mais Il a dit qu'Il était un Dieu jaloux qui poursuit ceux qui ne respectent pas ses commandements[73]. Or, il n'y a en l'occurrence pas de commandement : il n'y a donc pas de courroux à craindre non plus. Sachant que nous sommes à l'abri de ce côté-ci, alors que de l'autre côté, il y a grand danger et beaucoup d'ennuis à agir à l'encontre de la parole de Dieu, pourquoi donc quitterions-nous l'abri pour nous exposer au danger, pour aller là où nous n'avons pas la parole de Dieu pour nous soutenir, nous consoler ou nous sauver en cas de revers ? Car il est écrit « qui cherche le

auff dieser seiten sicherheit ist, und dort grosse fahr und ergernis widder Gottes wort, Warumb wollten wir uns denn aus der sicherheit begeben jnn die fahr, da wir kein Gottes wort haben, das uns in der not halten, trösten oder erretten kann? Denn es stehet geschriben, Wer sich gern in die fahr gibt, der wird drinnen umbkomen. Auch spricht Gottes gebott, Du solt Gott deinen Herrn nicht versuchen.

Ja sprechen sie, damit verdampstu die gantze Christenheit, die allenthalben solchs bisher gehalten hat. Antwort: Ich weiß fast wol, daß die Pfaffen und Münich solchen deckel yhrer grewel suchen und wollen auf die Christenheit schieben, was sie verwarloset haben, auff daß, wenn wir sagen, die Christenheit yrre nicht, so sollen wir auch sagen, daß sie auch nicht yrren, und also kein lügen auch yrrthum an yn müge gestrafft werden, weil es die Christenheit so helt. Also ist denn keine wallfart (wie offenberlich der teufel da sey), kein ablas (wie grob die lügen sey) unrecht. Kurtzumb eytel heiligkeit ist da. Darumb solt yr hie zu so sagen: Wir handeln ytzt nicht, wer verdampt odder nicht verdampt sey. Diese frembde sache mengen sie daher, daß sie uns von unser sache füren. Wir handeln ytzt von Gottes wort; was die Christenheit sey oder thu, das gehöret auf ein ander ort. Hie fragt man, was Gottes wort sey odder nit. Was Gottes wort nicht ist, das macht auch keine Christenheit.

Wir lesen zur zeit Elie des propheten, das offentlich kein Gottes wort noch Gottes dienst war ym ganzen volck Israel, wie er spricht: “Herr, sie haben deine Propheten getödt, und deine Altar umbgegraben. Und bin ich gar allein.” Hie wird der könig Ahab und andere auch gesagt haben: “Elia, mit solcher rede verdampstu das gantze volck Gottes.” Aber Gott hatte gleichwol sieben tausent behalten. Wie? Meinstu nicht, daß Gott unter dem Bapstum ytzt auch

74. *Cf*. Siracide 3:26 : « [...] celui qui aime le danger y périra », version de la *TOB*.

75. *Cf* notamment Deutéronome 6:16 et Matthieu 4:7.

danger y périra »[74] et, selon le commandement de Dieu, « tu ne mettras pas à l'épreuve le Seigneur ton Dieu[75] ».

Je les entends déjà dire qu'en tenant ce langage, je condamne la chrétienté tout entière, puisque les fidèles ont agi de la sorte jusqu'à maintenant. Je sais fort bien que les moines et les curés cherchent ainsi à dissimuler leur ignominie et à faire endosser aux fidèles la responsabilité de ce qu'eux-mêmes ont saccagé. Les moines et les curés attendent que nous leur donnions raison, et que leurs erreurs et leurs mensonges restent impunis puisque les simples chrétiens commettent les mêmes et que nous ne leur donnons pas tort. Selon le clergé papiste, aucun pèlerinage (bien que de toute évidence, le diable soit de la partie), aucune indulgence (quelle que soit l'énormité du mensonge qui la fonde) ne serait injuste. En un mot, il galvaude les choses saintes : c'est pourquoi vous direz à ce sujet que nous ne discutons pas ici la question de savoir qui est sauvé et qui est damné. Ils soulèvent cette question afin de nous détourner de notre propos : nous parlons maintenant de la parole de Dieu ; quant à déterminer ce que sont ou ce que font les fidèles, cette question n'a pas sa place ici. Ce qui nous intéresse ici, c'est ce que Dieu a dit, et ce qu'Il n'a pas dit. Ce qui n'est pas une parole prononcée par Dieu, les chrétiens n'ont pas à en tenir compte.

Nous lisons qu'au temps du prophète Élie, il n'y avait à l'évidence dans tout le peuple d'Israël ni prédication, ni service divin, puisque le prophète dit : « Seigneur, ils ont massacré tes prophètes et renversé tes autels ; me voici bien seul »[76]. À ce moment, le roi Achab et d'autres ont sans doute dit eux aussi : « Élie, par ces paroles, tu condamnes le peuple de Dieu dans son ensemble. » Or, Dieu en a tout de même épargné sept mille[77]. Ne pensez-vous pas qu'aujourd'hui aussi, Dieu aura pu épargner les siens sous

76. *Cf.* 1 Rois 19:10.
77. *Cf.* 1 Rois 19:18.

habe können die seinen erhalten, ob gleich die pfaffen und münche in der Christenheit eytel teufels lerer gewest und in die hell gefaren sind? Es sind gar vil kinder und junges volck gestorben jnn Christo, Denn Christus hat mit gewalt unter seinem Widerchrist die taufe, dazu den blossen text des Evangelij auff der cantzel, und das Vater unser, und den glauben erhalten, damit er gar viel seiner Christen und also seine Christenheit erhalten und den teuffels lerern nichts davon gesagt.

Und ob die Christen gleich haben etlich stücke der Bäpstlichen grewel gethan, so haben die Bapstesel damit noch nicht beweiset, daß die lieben Christen solchs gern gethan haben, viel weniger ist damit beweiset, daß die Christen recht gethan haben. Christen können wol yrren und sundigen allesampt. Gott aber hat sie allesampt leren beten um vergebung der sunden ym Vater unser, Und hat ihre solch sunde, die sie haben müssen, ungern, unwissend, und von dem Widerchrist gezwungen thun, wol wissen zu vergeben, und dennoch pfaffen und münchen nichts davon sagen. Aber das kan man wol beweisen, daß yn aller welt ymer ein gros heimlich mummeln und klagen gewest ist widder die geistlichen, als giengen sie mit der Christenheit nicht recht umb, Und die Bapstesel haben auch solchem mummeln mit feuer und schwerd trefflich widderstanden bis auf diese zeit daher. Solch mummeln beweiset wol, wie gern die Christen solche grewel gesehen und wie recht man daran gethan habe. Ja, liebe Bapstesel, komet nu her, und saget, Es sey der Christenheit lehre, was yr erstuncken, erlogen, und als die Böswichter und Verrether der lieben Christenheit mit gewalt auffgedrungen, und als die ertzmörder viel Christen drüber ermordet habt, zeugen doch

78. Étant donné que Luther lui-même explique dans les *Summarien über die Psalmen* (WA 38, p. 14, l. 18-32) qu'il a changé la personne d'un pronom par souci de clarté, employant la même personne grammaticale partout où le texte hébreu fait allusion au même individu, nous avons nous aussi sacrifié la fidélité formelle au texte-source à

la papauté, même si les moines et les curés ont été pour la chrétienté des suppôts du Diable et qu'ils ont fini en enfer ? Ils sont nombreux, les enfants et les jeunes qui sont morts en Christ, car sous l'Antéchrist, notre Seigneur a maintenu avec force le baptême, le texte de l'Évangile prêché en chaire, le Notre Père et la foi : sans en souffler mot aux suppôts du Diable, il a ainsi préservé bon nombre de ses chrétiens et donc maintenu la chrétienté.

Et puis, même si les simples chrétiens ont commis plusieurs des abominations papales, ces ânes de papistes n'en ont pas pour autant prouvé que les fidèles avaient agi ainsi volontiers ; et surtout, cela ne prouve pas que les chrétiens ont eu raison d'agir comme ils l'ont fait. D'ailleurs, les chrétiens peuvent fort bien tous se tromper et commettre des péchés, Dieu leur a enseigné à tous dans le Notre Père comment prier et demander pardon. Qui plus est, n'en déplaise aux moines et aux curés, qui n'en parlent jamais, Dieu a bien pu pardonner aux simples fidèles ce péché qu'ils ont commis contre leur gré, à leur insu et sous la contrainte de l'Antéchrist. Il est d'ailleurs facile de démontrer qu'en tout temps et en tout lieu, il y a eu un grand murmure et une plainte sourde contre le clergé lorsque ses membres ne traitaient pas les chrétiens comme ils le devaient. Jusqu'à nos jours, ces ânes de papistes ont employé le feu et l'épée pour faire taire ces protestations. Ce grand murmure révèle clairement la manière dont les chrétiens appréciaient les abominations des papistes, et combien on était fondé à les commettre. Oui, je les[78] attends de pied ferme, les papistes qui oseront faire passer pour la doctrine chrétienne le produit de leur imagination vicieuse, les esprits malfaisants et les parjures qui ont usé de violence pour imposer ce prétendu

l'intelligibilité du texte-cible. Tout au long de cette lettre-traité, la deuxième personne du pluriel est ainsi réservée à l'ami N. à laquelle le *Sendbrief* est prétendument adressé ; pour éviter toute confusion avec les adversaires de Luther, nous évitons donc d'employer le pronom « vous » à propos de ceux que Luther appelle « ces ânes de papistes ».

alle buchstaben yn allen Bapsts gesetzen, daß nichts aus willen und rath der Christenheit jemals sey gelert, sonder eitel "*districte, precipiendo mandamus*" ist da, das ist yhr heiliger geist gewest. Solch tyranney hat die Christenheit müssen leiden, damit yhr das sacrament geraubt, und ohn yhr schuld so yn Gefängnis gehalten ist. Und die Esel wollten solch unleidlich tyranney yhrs frevels uns ytzt fur ein willige that und Exempel der Christenheit verkauffen, und sich so fein putzen. Aber es will ytzt zu lang werden. Es sey das mal gnug auff die frage. Ein andermal mehr, Und haltet mir meine lange schrifft zu gut. Christus unser Herr sey mit uns allen. Amen.

Ex eremo octava Septembris. 1530.

Martinus Luther
Ewr guter freundt.

enseignement chrétien aux pauvres fidèles. Ils ne me font pas peur, ces traîtres qui ont les mains maculées du sang de nombreux chrétiens. Comme le prouve chaque lettre de chaque loi édictée par le Pape, rien n'a jamais été prêché selon la volonté ou dans l'intérêt de la chrétienté ; ils y sont allés à coups de « *districte, precipiendo mandamus*[79] » : c'est là tout l'Esprit Saint qu'ils connaissent. Telle est la tyrannie que les simples chrétiens ont dû supporter, et en sus, ils ont été spoliés de leur sacrement et maintenus en prison sans leur faute. Aujourd'hui, ces ânes cherchent à maquiller leur faute en présentant l'insupportable tyrannie de leur sacrilège comme un acte volontaire et comme un exemple pour la chrétienté. Mais je ne veux pas abuser de votre patience : j'interromps ici ma réponse à votre question. J'y reviendrai par la suite. Pour l'instant, ne m'en veuillez pas pour la longueur de cette missive. Que notre Seigneur Jésus-Christ soit avec nous tous. Amen.

Du désert, le 8 septembre 1530.

Martin Luther
En toute amitié

79. Cette formule fréquente dans les bulles papales signifie « avec la dernière rigueur, nous recommandons et ordonnons ».

Summarien über die Psalmen
und
Ursachen des Dolmetschens
(1531-1533)

Brève présentation des psaumes
et
explications sur la façon de les traduire
(1531-1533)

Le texte complet des *Summarien über die Psalmen und Ursachen des Dolmetschens* a été publié dans *Martin Luthers Werke. Kritische Gesamtausgabe*, Hermann Böhlaus Nachfolger, Weimar, 1912 (*Weimarer Ausgabe* [= WA], volume 38, p. 9-69. Nous ne reproduisons ici (dans une graphie très légèrement modernisée) que la partie traitant de la traduction, laquelle occupe les pages 9 à 17 de l'édition de Weimar.

Summarien über die Psalmen
und
Ursachen des Dolmetschens
(1531-1533)

Allen fromen Christen.

Gnade und friede in Christo. Wir haben umb diese Ostern des 1531. jars unser Deutsch Psalterlin widderumb überlauffen und zum letzten mal gebessert, Da bey wirs bedencken, hinfurt zu bleiben lassen. Wie nu der selbige Psalter meister Klüglinge gefallen werde, da ligt uns nichts an. Aber weil villeicht etliche zu unser zeit und noch mehr, so nach uns komen werden, gute frume hertzen, die auch der sprachen kündig und doch des dolmetschen ungeübt, sich möchten stoßen und ergern, daß wir so frey an vielen orten von den buchstaben gangen sind, zu weilen auch anderm verstand gefolget denn der Juden Rabini und Grammatici leren, Wollen wir hiemit ursachen anzeigen und mit etlichen Exempeln verklären, auff daß sie sehen, wie wir nicht aus unverstand der sprachen noch aus unwissen der Rabinen glosen, sondern wissentlich und williglich so zu dolmetschen furgenomen haben.

1. Les éditions postérieures à 1540 portent ici la date de Pâques 1541 (comme le précise en note la WA 38, p. 9).

Brève présentation des psaumes
et
explications sur la façon de les traduire
(1531-1533)

À tous les bons chrétiens

Que la grâce et la paix vous soient données en Christ. Nous venons, en ce carême 1531[1], de retravailler notre version allemande du Psautier pour y apporter nos dernières corrections. Nous avons l'intention de ne plus y toucher désormais : peu nous chaut l'accueil que feront à notre ouvrage les donneurs de leçons. Considérant toutefois que parmi nos contemporains et plus encore dans les générations à venir, un grand nombre de chrétiens au cœur pieux, certes instruits dans les langues, mais non praticiens de la traduction, risquent d'être ébranlés, voire fâchés de ce qu'en maints endroits notre version prenne tant de liberté à l'égard du texte original et de ce que notre interprétation s'écarte çà et là de l'enseignement des rabbins juifs et des grammairiens[2], nous voulons dans ces pages exposer le pourquoi de nos options et montrer, exemples à l'appui, que notre traduction ne résulte ni d'une méconnaissance

2. L'expression « les grammairiens » renvoie aux commentateurs chrétiens comme Jérôme ou Nicolas de Lyre. (Merci à Michel Grandjean pour cette précision.)

Als im lviij. Psalm haben wir den ix. vers also verdolmetscht: “Ehe ewre dornen reiff werden am dornstrauch, wird sie ein zorn so frisch weg reissen”, etc. Wissen wol, daß die Jüdischen Rabinen anders lesen und deuten, Und machen aus dem wort “*Sir*” töpffen, und aus dem wort “zorn” feuer, und soll die meinung haben: Ehe denn ewre töpffen der dornen gewar werden, und das fleisch drinnen noch rohe ist, so wird sie der zorn (das feur) verbrant haben. Das ist: Wenn die gottlosen toben, sind sie gleich wie dornen, so man unter töpffen legt, und das fleisch gar machen sollen (das ist, die frumen verderben). So verbrennen sie jnn sich selbs, ehe solch fleisch gar wird. Diese meinung lassen wir gut sein und ist auch die unsere, haben sie aber also geben: “Ehe die dornen reiff werden odder zu achten sind am dornstrauch, so kommet der zorn (das ist ein beil oder axt), und hauet drein, weil sie noch so grün und frisch sind. Also sind die gottlosen mit jrem toben wie junge dorn am strauche, die wachsen daher und drewen zu stechen, Aber es kompt ein baur mit einem beil drein, ehe sie hart und reiff werden zu stechen, und wirft sie nidder wie ein wetter. Denn Gott lesst die gottlosen wol toben, aber sie müssen ihr drewen und toben nicht ausführen. Es schikts also, daß sie müssen untergehen, ehe sie es ausrichten, wie Saul, Absalom, Pharao und allen Tyrannen gegangen ist.

Psalm lxviii im xxx. vers haben wir also verdolmetscht: “Die da lust zu gelt haben”. Wissen wol, daß die Rabini

3. Le texte de Luther dit « *LVIII. Psalm [...] IX. Vers* » ; l'édition de Weimar (WA 38, p. 9, l. 15) a rectifié dans la marge : « Ps. 58:10 ». Nous avons quant à nous intégré les références bibliques dans le corps du texte.
4. À titre d'illustration, citons *Les Psaumes, édition bilingue hébreu/ français. Traduction du Rabbinat français*, 1995, p. 73 : « Avant que vos marmites sentent la flamme des broussailles, que la tempête vienne tout enlever, qu'elles soient vertes encore ou déjà consumées ! », et une note constate : « verset très obscur ». Version d'André CHOURAQUI : « Avant que vos chaudières ne discernent la ronce, le vent emporte le contenu... » (*op. cit.*, p. 174-175). Luther développera plus loin ce point à propos de la traduction du verset 12 du Psaume 118.

des langues, ni de l'ignorance des gloses rabbiniques, mais qu'elle est le fruit de choix mûrement réfléchis.

Lorsque nous avons rendu le verset 10 du Psaume 58[3] par « Avant que le buisson ait pu produire des épines dures, une colère les arrachera à l'improviste », nous savions pertinemment que les rabbins font une autre lecture et donnent une autre interprétation de ce passage[4]. Pour eux, le mot *sir* correspond à « marmite », et le mot « colère » exprime l'idée de feu[5], ce qui veut dire « Avant que vos marmites ne soient léchées par un feu de ronces, et alors que la viande qu'elles contiennent est encore crue, la colère (c'est-à-dire le feu) les aura consumées. » En d'autres termes : lorsque les impies vitupèrent, ils sont pareils à ces ronces que l'on dispose sous les chaudrons pour cuire de la viande (ici afin d'anéantir les hommes au cœur droit) et ils se brûlent eux-mêmes, avant que cette viande ne soit cuite. Cette interprétation nous semble bonne, et c'est aussi la nôtre ; nous avons néanmoins rendu ce passage ainsi : « Avant que les épines ne deviennent dures ou perceptibles sur un buisson de ronces, la colère surgit, telle une hache qui frappe alors que[6] les épines sont encore vertes et tendres. » De même, les impies qui sont en tumulte sont comme les épines fraîches écloses qui hérissent le buisson en tous sens et qui menacent de piquer et de griffer. Alors survient un paysan qui, d'un coup de serpe, les tranche avant qu'elles ne deviennent dures et acérées : tel un orage, il les anéantit. De même, Dieu laisse les impies hurler ; mais point n'est besoin qu'ils grondent et qu'ils tempêtent : Dieu fait en sorte qu'ils soient engloutis avant qu'ils ne puissent sévir : ainsi ont fini Saül, Absalon, Pharaon et tous les tyrans[7].

Autre exemple : au verset 31 du psaume 68, notre traduction dit « les esprits cupides », alors que nous savions fort

5. Voir WA DtB 3, 61, 21.
6. *weil = derweil, solange.*
7. Voir WA DtB 3, p. 60-61 ; ne pas confondre Saül avec Saul (premier nom de l'apôtre Paul).

hier anders das wort “*Ratze*” umb des punct Dagges willen deuten, Wie wol wir der meinung fast eines sind, nämlich, daß der Psalm bittet, Gott wolle schelten und wehren dem thier im rhor, das da lust zu gelt hat, das ist, leufft und thut alles widder Gottes wort umbs gellts willen. Was aber solch thier sey, sagt er selbs: Die rotte odder hauffe der ochsen unter den kelbern, Das ist: es sind die feisten, reiche rotte des großen hansen, die im lande sich weiden wie die ochsen jnn guter weide odder großem grase und haben viel anhanges, wie die ochsen viel küe und kelber neben sich haben, und die sich auch mit weiden. Solche Tyrannen (und sonderlich meinet er die priester im Jüdischen volck) fechten und lauffen nur umbs gellts willen wider Gottes wort, Denn sie sorgen, wo Gottes wort solt auffgehen, jre pracht und reichtum müsste zu boden gehen. Das meinen wir, da wir dolmetschen also: “Die da lust zu gelt haben”. Die Rabini also: “Das da leufft mit den zertrettern umbs gelts willen”, Das ist: Solch thier leufft mit den Tyrannen, so die frumen zertretten umbs gellts willen. Wie wol dies stücklin “Die da lust zu gelt haben” in diesem letzten Psalterlin meine herrn Drucker aussen haben gelassen, das wir doch mit sonderem vleis und großer disputation gemacht hatten. So gar ist kein vleis gnugsam jnn der Druckerey.

8. Voir WA DtB 3, p. 79, l. 9 : « *isti habent suas vaccas* », et ligne 12 : « *razah* ».

9. À l'origine, on n'écrivait de l'hébreu que les consonnes, le lecteur rétablissant de lui-même les voyelles. « Quand l'hébreu cessa d'être parlé – sans doute vers l'an 200 –, l'imprécision de la notation consonantique et l'absence de règles grammaticales normatives durent être ressenties comme des obstacles à sa conservation. » Le point *dagesh* est un signe diacritique qui, « placé à l'intérieur de certaines lettres susceptibles d'avoir deux prononciations, indiquait la prononciation dure (plosive). Ce même point, le *dagesh*, pouvait également marquer le redoublement de la lettre. Un trait, le *rafé*, avait la valeur inverse. » (Mireille HADAS-LEBEL, *L'hébreu : 3 000 ans d'histoire*, 1992, p. 77 et 80)

bien que les rabbins donnent un autre sens au mot *ratsé*[8] à cause du point *dagesh*[9]. En réalité, nous faisons les uns et les autres presque la même lecture, à savoir que le psalmiste demande à Dieu de menacer et de châtier la bête tapie dans les joncs qui est avide d'argent, c'est-à-dire qui marche et qui agit pour l'argent et contre la parole de Dieu[10]. Le psalmiste définit lui-même ce que symbolise cette bête : les rassemblements[11] ou les grands troupeaux de bœufs[12] et de veaux. Il s'agit donc de ces tas de gros richards et de puissants qui vont de par le monde tels les bœufs qui broutent dans les bons pâturages, entourés de vaches et de veaux en grand nombre qui paissent à leurs côtés. Les tyrans de cet acabit (et le psalmiste[13] pense en particulier aux prêtres du peuple juif) bataillent et agissent contre la parole de Dieu par appât du gain, car ils craignent que si cette parole venait à porter du fruit, leur magnificence et leur richesse s'étioleraient. C'est ce que nous voulons dire en traduisant ce mot par « les esprits cupides ». Les commentaires rabbiniques, eux, aboutissent à « Ce qui, par appât du gain, marche avec les piétineurs », c'est-à-dire « Cette bête marche avec les tyrans qui, par cupidité, piétinent les personnes au cœur pieux ». Or, « les esprits cupides », ce segment que nous avons tant travaillé et dont nous avons tant débattu, ne figure pas dans cette dernière édition du Psautier[14] par suite d'une négligence

10. *Les Psaumes, édition bilingue hébreu/français. Traduction du Rabbinat français*, 1995, p. 85 : « Gourmande la bête tapie dans les joncs, la troupe des puissants taureaux mêlés aux bouvillons des nations, qui viennent s'humilier, munies de lingots d'argent. [Dieu] disperse les peuples qui aiment les batailles. »
11. Dans ce passage, le substantif allemand *Rotte* est à rapprocher du verbe *sich zusammenrotten* [s'ameuter], et non pas de *Rottengeister* [esprits sectaires et séditieux], un substantif fréquent sous la plume de Luther.
12. On notera que Luther parle de bœufs (qui évoquent la lourdeur et le manque de subtilité), et non de taureaux (qui symbolisent la force et la puissance procréatrice).
13. ... ou plus exactement Luther !
14. Luther dit lui-même que cette édition a tiré profit des séances de révision de 1531 (voir WA 38, p. 10, n. 5).

Psalm lxij. im v. vers, Da wir vorhin den worten nach also gedolmetscht haben: “Laß meine seele voll werden, wie mit schmaltz und fettem, daß mein mund mit frölichen lippen rhüme”. Weil solchs kein Deudscher verstehet, Haben wir lassen faren die Ebreischen wort (“schmaltz” und “fett”, damit sie freude bedeuten, gleich wie ein gesund, fett thier frölich, und widderumb ein frölich thier fett wird, Ein traurig thier abnimmt und mager wird, Und ein mager thier traurig ist) und haben klar Deudsch gegeben also: “Das were meines hertzen freude und wonne, wenn ich dich mit frölichem munde loben sollte”. Denn solchs ist doch Davids meinung, da er außer der Stad bleiben und vor Saul fliehen musste, daß er nicht sein kundte bey dem Gottes dienst, noch das fröliche Gottes wort hören, welchs alle betrübten hertzen tröstet, etc.

Psalm lxv. im viij. vers, da wir zuvor haben gedolmetscht: “Du machst frölich, die ausgehen, beide, frūe und spat”, Haben wir klerlicher also gemacht: “Du machst frölich, was da webert, beide, des morgens und des abends”. Das ist: Es ist deine gabe, daß alle thier, beide, menschen und viehe, morgens frūe mit gutem friede auff stehet Und ein jglichs frölich dahin gehet nach seiner nahrung und zu seiner erbeit, Da singen die vögel, Da bleket das viehe, knecht und magd gehen zu felde mit eim liedlin, Des gleichen zu abend kompt es alles wider heim mit singen und bleken, Summa: Der Psalm lobet Gott umb friede und gute zeit, Denn wo friede und gut zeit ist, da singts alles und ist

15. Cette plainte de Luther est récurrente : voir aussi WA 30/II, p. 547, l. 14-15, ainsi que WA DtB 8, p. 6-9 : *Warnung an die Drucker* [Avertissement aux imprimeurs].
Il est arrivé aussi que Luther fasse un vibrant éloge de l'imprimerie (voir p. ex. WA TR 1, p. 523, l. 18, n° 1038) ; mais on sait aussi – et l'on (re)lira dans les deux « écrits traductologiques » qui font l'objet du présent volume – les « coups de gueule » que Luther a poussés à l'encontre des imprimeurs. La découverte tardive (en 1892) du manuscrit du traité *Des bonnes œuvres* a confirmé que les invectives de Luther n'étaient pas infondées (voir LUTHER, *Œuvres*, vol. 1, Bibliothèque de la Pléiade, p. 1378sq.).

coupable de messieurs mes imprimeurs : une fois de plus, cette corporation s'illustre par son manque de sérieux[15].

Pour ce qui est du psaume 63, verset 6, notre version précédente, qui calquait les mots de l'original, était « Permets que mon âme soit rassasiée comme de graisse et de moelle, afin que, la joie aux lèvres, ma bouche chante Tes louanges ». Or, la formule « graisse et moelle » n'est guère parlante pour un Allemand, alors qu'en hébreu, ces mots évoquent la joie (en effet, un animal gras et éclatant de santé gambade de joie et prospère, tandis qu'une bête triste maigrit et dépérit, et qu'une bête maigre est triste). Nous avons donc abandonné les mots du texte hébraïque[16] pour dire en bon allemand : « Ce serait la joie et le plaisir de mon cœur que de chanter Tes louanges d'une bouche pleine d'allégresse ». Car c'est là ce que voulait dire David[17] lorsqu'ayant dû quitter sa ville pour échapper à Saül, il était dans l'impossibilité de participer aux célébrations religieuses, et d'entendre la Parole consolatrice de Dieu qui rend l'espoir aux cœurs en peine, etc.

Pour le psaume 65, v. 9, que nous avions rendu précédemment par « Tu rends joyeux ceux qui sortent, aussi bien le matin que le soir », nous proposons une version plus claire : « Soir et matin, Tu rends joyeux tout ce qui bouge[18] », autrement dit : c'est grâce à toi que toutes les créatures, aussi bien hommes qu'animaux, se lèvent l'esprit paisible et vont qui à son travail, qui à son pâturage ; les oiseaux chantent, les bêtes des champs mugissent et bêlent,

16. *Les Psaumes, édition bilingue hébreu/français. Traduction du Rabbinat français*, 1995, p. 77 : « Mon âme sera rassasiée comme de graisse et de moelle, et ma bouche te glorifiera en un langage enthousiaste ».

17. « Selon la tradition juive, c'est le roi David lui-même qui composa ou édita le livre des Psaumes. Les exégètes datent sa rédaction d'une époque beaucoup plus tardive (période postexilique), tout en attribuant à la composition de certains psaumes une date bien antérieure, en partie fondée sur des parallélismes existant avec les hymnes égyptiennes, babyloniennes et cananéennes. » (Goeffrey WIGODER (dir.), *Dictionnaire encyclopédique du judaïsme*, p. 832 ; lire aussi l'encadré p. 833). L'Église ancienne et médiévale est unanime à faire de David l'auteur des Psaumes.

18. *webern = sich bewegen* (WA 38, p. 11).

frölich und stehen berge und tal lüftig. Das ist ein großer segen und gabe Gottes, der solche freude gibt, Denn zu kriegs zeit und ander böser zeit kan niemand solche freude geben noch haben.

Ob wir nu hierinn und dergleichen örtern zu weilen von den Grammaticis und Rabinis weichern, sol sich niemand wundern, Denn wir die regel gehalten, Wo die wort haben mügen leiden und geben einen bessern verstand, Da haben wir uns nicht lassen zwingen durch der Rabinen gemachte Grammatica zum geringern oder andern verstand, Wie denn alle Schulmeister leren, daß nicht der sinn den worten, sondern die wort dem sinn dienen und folgen sollen, So wissen wir auch, und S. Paulus 2. Cor. 4 lehret uns, daß Moses' angesicht den Juden verdeckt ist, daß sie der schrifft meinung sonderlich jnn den Propheten wenig und selten treffen, Gleich wie an diesem ort deuten sie "die frölichen ausgeher früe und spat" die sonne, so des morgens, und die sternen, so des abends auffgehen, Welcher verstand, ob er mag wol gut sein, hat er uns doch hie her nicht gefallen.

Abermal Psalm lxviij. haben wir viel gewagt und offt den sinn gegeben und die wort faren lassen, Darumb uns freilich viel klüglinge meistern und villeicht auch etliche frumen sich dran stossen werden. Was ists aber, die wort ohn not so steiff und strenge halten, daraus man doch nichts verstehen kan? Wer Deudsch reden will, der muß nicht der Ebreischen wort weise füren, Sondern muß darauff sehen, wenn er den Ebreischen man verstehet, daß er den sinn fasse und dencke also: Lieber, wie redet der Deudsche man jnn solchem fall? Wenn er nun die Deudsche wort hat, die

19. *gute Zeit = Fruchtbarkeit* (WA 38, p. 11). Cette formulation évoque le concept de *Shalom*, qui signifie à la fois paix et plénitude de l'être.
20. *lüftig = üppig, in erfreuender Pracht* (WA 38, p. 11).
21. *gemachte = konstruierte, gekünstelte* (WA 38, p. 11).
22. « Moïse est le fondateur de la religion d'Israël, en tant que promulgateur de la Torah. » (Esther STAROBINSKI-SAFRAN, in : Robert MARTIN-ACHARD (dir.), *La figure de Moïse. Écriture et relectures*, 1978, p. 67). Moïse est le seul être humain qui ait pu regarder Dieu

le valet et la servante accomplissent leur tâche en fredonnant. De même le soir, chacun s'en retourne à la maison ou à l'étable en chantant et en bêlant. En résumé, ce psaume exalte Dieu pour la paix et pour la prospérité[19], car là où règnent la paix et la prospérité, tout le monde chante, et les paysages sont verdoyants[20] par monts et par vaux : c'est là une grande bénédiction et un don de Dieu, qui est la source de tant de joie. En effet, en temps de guerre ou face à d'autres difficultés, nul ne peut ni donner, ni ressentir une telle joie.

Que personne ne s'étonne de ce qu'ici et ailleurs nous nous écartions de ce que disent les grammairiens et les rabbins : nous avons appliqué la règle selon laquelle lorsque le texte le permet et que les mots donnent un sens plus satisfaisant ainsi, la grammaire faite par les rabbins[21] ne saurait nous imposer un sens différent ou moins satisfaisant. En effet, tous les instituteurs l'enseignent : ce n'est pas le sens qui doit suivre et servir les mots, mais les mots qui doivent être au service du sens. Nous savons – et saint Paul nous l'explique en 2 Corinthiens 3,14 – que le visage de Moïse[22] est caché aux Juifs, raison pour laquelle le sens des Écritures, et particulièrement celui des prophètes, leur échappe souvent. Ainsi dans le verset discuté ici, « ceux qui sortent gaiement à l'aurore et au couchant » fait référence pour les Juifs au soleil qui se lève le matin et aux étoiles qui apparaissent la nuit venue. Cette lecture est sans doute bonne, mais elle ne nous convenait pas pour le passage dont nous venons de parler.

Revenons au psaume 68 : en maints endroits, nous avons été assez hardis pour rendre le sens sans coller aux mots de l'original, ce qui évidemment inspire des critiques aux esprits chicaniers et risque de choquer le simple fidèle. Or,

face à face sans en mourir (voir Deutéronome 34:10) ; lorsqu'il s'adressait au peuple juif, il se voilait le visage, car le reflet de la lumière divine sur le visage du prophète aurait ébloui son auditoire.

Comme Paul dans 2 Corinthiens 3:13-14, Luther lit le Psautier comme une prophétie chrétienne, aux termes de laquelle la nouvelle Alliance (scellée par la venue du Christ) rend caduque l'alliance qui unit le peuple juif au Dieu de la Torah.

hiezu dienen, so lasse er die Ebreischen wort faren und sprech frey den sinn eraus auffs beste Deudsch, so er kan.

Also hie im xiij. vers hetten wir auch wol künden steiff dem Ebreischen nach also dolmetschen: “So jr zwischen den marcken liegen werdet, so sind die flügel der tauben mit silber überzogen und jre fittiche mit gleißendem golde”, etc. Welcher Deudscher verstehet aber das? Nu aber der nehest vers davor von königen singet, die da kriegen und der hausfrawen die ausbeute befelhen, so ist dieses vers' meinung, daß solche könige ein fein, schön, wol gerüst heer zu felde haben, welchs von ferne anzusehen ist wie eine taube, der die feddern weiß und rot (als weren sie silbern und gülden) gleissen. Diese könige sind die Aposteln, so hin und widder jnn der welt durch manchfeltige schöne gabe und wunderthaten des heiligen geists herrlich glentzend widder den Teufel zu felde gelegen und viel leute dem Teufel abgewonnen, welche sie der Hausmutter, der Kirchen, als eine ausbeute befolhen, zu regieren und leren.

23. On croit lire sous la plume de Luther le conseil formulé par tous les didacticiens modernes de la traduction : cherchez des formulations idiomatiques, qui témoignent de votre pleine possession de la langue-cible !
24. *Les Psaumes, édition bilingue hébreu/français. Traduction du Rabbinat français*, 1995, p. 83 : « Resterez-vous immobiles entre les parcs de troupeaux, ô vous, ailes de la colombe, plaquées d'argent, dont les pennes ont la couleur éclatante de l'or fin ? ». Une note ajoute : « Verset difficile à comprendre ».
25. *Ausbeute = Kriegsbeute* (WA 38, p. 12).
26. Le *Dictionnaire du judaïsme. Histoire, mythes et traditions* d'Alan UNTERMAN (1997) donne quelques pistes concernant cette colombe : « Pour les Juifs, la colombe, le plus pourchassé des volatiles, symbolise le peuple d'Israël persécuté par toutes les nations du monde. À l'image de la colombe, qui est d'une fidélité indéfectible à son compagnon, Israël reste fidèle à son Dieu. […] La colombe symbolise aussi la *chekhina*, la présence divine. » (p.77). *Chekhina* (« résidence » en hébreu) = la présence divine ou l'immanence de Dieu. « On dit de ceux qui se convertissent au judaïsme qu'ils prennent place “sous l'aile de la *chekhina*” » (p. 66)

à quoi bon calquer sans nécessité les mots de l'original avec une rigueur tatillonne s'il en résulte un discours sans queue ni tête ? Pour parler allemand, il s'agit non pas de reproduire les tournures hébraïques, mais d'avoir à cœur, une fois qu'on a compris l'homme qui parle hébreu, de saisir le sens de son discours et de s'interroger en ces termes : « Voyons, que dirait un Allemand dans cette situation ? » Lorsqu'on a trouvé les mots qui conviennent, il faut abandonner les mots de l'hébreu et exprimer le sens librement, dans le meilleur allemand que l'on connaisse[23].

Au verset 14, nous aurions pu, pour restituer telle quelle la tournure hébraïque[24], écrire « Lorsque vous serez couchés au bivouac, les ailes de la colombe seront plaquées d'argent et ses plumes d'or fin », etc. Mais quel Allemand comprend cela ? Or, il se trouve que le verset précédent parle de rois guerriers et de femmes qui répartissent le butin[25]. Par conséquent, le verset 14 signifie que des rois de cette sorte ont sur le champ de bataille une armée rutilante, belle et bien équipée ; vue de loin, cette armée a l'aspect d'une colombe[26] dont les plumes blanches et pourpres chatoient comme si elles étaient d'or et d'argent. Ces rois sont les apôtres brillants de lumière qui parfois ont combattu le diable dans le monde grâce aux dons magnifiques et aux prodiges de l'Esprit saint ; ils ont ainsi soustrait une foule de gens à l'influence du diable, et ont remis cette multitude à la maîtresse de maison, autrement dit à l'Église, à charge pour elle de les gouverner et de les instruire.

« La *chekhina* résidait dans le Tabernacle du désert et dans le Premier Temple de Jérusalem, mais Dieu n'a pas établi sa résidence dans le Second Temple. La *chekhina* a suivi Israël dans tous ses exils, car elle réside au sein de la communauté d'Israël, même dans son iniquité. Elle repose sur le peuple d'Israël et inspire certains hommes, en particulier ceux qui servent Dieu dans la joie. [...] Les péchés d'Israël, en particulier le péché d'orgueil, font s'éloigner la *chekhina*, tandis que l'étude de la Torah et l'accomplissement de la volonté divine la font se rapprocher. » (p. 66). On notera enfin que l'on dit de Moïse qu'il fut, au moment de sa mort, porté sur les ailes de la *chekhina*, laquelle l'avait accompagné sa vie durant, depuis son enfance. (d'après Esther STAROBINSKI-SAFRAN, *op. cit.*, 1978, p. 39).

Und im xv. vers darnach hetten wir auch wol mit den Rabinen mügen dolmetschen also: “Der berg Gottes ist ein berg Basan odder ein fett berg” (wie wirs vorhin auch gedeudscht haben). Aber es ist ja feiner und klerer gesagt “Ein fruchtbar berg”, das ist, jnn der Christenheit, welche Gottes berg ist, geschieht jmer viel gutes, und sind die beume fruchtbar, das ist, die Christen thun grosse werck und wunder, Denn Gottes wort gehet nicht leer ab, Und ein guter baum bringt gute früchte, Denn wir im deudschen auch ein gut fruchtbar land ein fett land und eine schmaltz gruben nennen, Nicht das mit schmaltz geschmieret sey odder von fettem trieffe.

Also daß da folget “Ein gehügelt land, ein fetter berg”, haben wir jtzt gedeudscht “Ein groß berg”, Sintemal doch die meinung ist, daß gleich wie ein groß berg ist und heisst, da viel hügel an einander, und jmer einer über den andern, bis auff den höhesten hügel. Also ist die Kirche zusamen gesetzt, da jmer ein heilige und häufflin an andern hangt, und eines heufflin odder ein Christen höher begabt und mehr thut, denn ein ander, wie Paulus sagt 1. Cor. 12 daß unterschied der werck, gaben und ämter sein müssen jnn der Kirchen, und 1. Cor. 15: “Ein stern hat immer ein andere klarheit denn der ander.” Daß aber die Rabinen hie zancken über dem wort “*Gabnunim*”, da etliche aus machen “höcker auf einem rücken”, etliche “die wimpern über den augen”, lassen wir geschehen.

27. Il s'agit du verset 16, dont le Rabbinat français donne la traduction suivante (1995, p. 83) : « Montagnes de Dieu, montagnes de Basan, montagnes aux croupes élevées, montagnes de Basan ! »
28. *Cf.* Isaïe 55:11, Matthieu 7:17-18, Matthieu 12:33-35, et Luc 6:43-45. L'allégorie « tel arbre, tels fruits » figure également dans le traité de *La liberté du chrétien* (1520), vingt-troisièmement (voir la traduction de Maurice Gravier, in Martin LUTHER, *Les grands écrits réformateurs*, 1992, p. 223).
29. Ce mot [littéralement « fosse à graisse »] correspond, au sens figuré, à « garde-manger » et à « corne d'abondance ». Luther l'emploie en parlant de sa traduction de la Bible WA DtB 3, p. 73-74 : « Volo *"fet[t]", es steht wol, grosse berge, grosse frucht, das viel* montana

De même pour le verset suivant, nous aurions pu (nous l'avons d'ailleurs fait jusqu'ici) traduire comme les rabbins « La montagne de Dieu est une montagne de Basan ou une montagne grasse[27] ». Mais il est plus élégant et plus clair de dire « une montagne fertile », car dans la chrétienté (c'est-à-dire dans la montagne de Dieu) il advient toujours beaucoup de bonnes choses, et les arbres donnent du fruit – autrement dit les chrétiens accomplissent de grandes œuvres et des miracles, car la parole de Dieu n'est pas vaine, et un bon arbre produit de bons fruits[28]. En allemand, une bonne terre fertile peut aussi être désignée par le mot *Schmalzgrube*[29], sans que cette terre ait été enduite de gras ou qu'elle suinte de graisse.

Comme la suite du texte dit « une montagne aux cimes nombreuses, une montagne grasse », nous avons maintenant traduit par « une grande montagne », car le sens est que, à l'image d'un groupe de collines composé de nombreux monticules adossés les uns aux autres et appuyés les uns sur les autres jusqu'au point culminant, l'Église est ainsi constituée qu'il y a toujours un saint ou un groupe de fidèles qui s'appuie sur un autre, et qu'il y a toujours un groupe ou un chrétien qui a reçu davantage de dons[30] et qui fait davantage qu'un autre : comme le dit Paul en 1 Corinthiens 12:4, il y a nécessairement au sein de l'Église diversité de dons, d'actions et de ministères ; plus loin (1 Corinthiens 15:41), il dit qu'une étoile même diffère en éclat d'une autre étoile.

sind viel berg liegen an ein ander ut *das bohemisch gebirig, die* ecclesiae *eine gross gebirg und dennoch fet.* Nos dicimus *ein gebirg,* mons collium, colliculosus, *hat viel gebirgs fet* i. e. ***ein schmalz grub***, *da es als ynn wol wechst [man hat]* i. e. *hat gut fet land* vel *ist gut fet land.* Distinguit : Gentes *sind die kalen berg,* ubi nec *gras, da gar nichts drauff wechst, der* mons *ist* frugifer, *hat ein fett land und erden.* Antithesis *: fruchtbar ist nicht ein kaleberg,* alioqui *fet,* putant Germani *von Speck und Schincken gemacht. Ein gros und fruchtbar gepirge.* Est correctio *sols nicht ein berg heissen* sed *gebirg* ut etiam *fruchtbar.* »

30. *höher begabt = mehr begnadet (nicht nur intellektuell, wie nhd.)* (WA 38, p. 12).

Wir habens nicht mügen noch wollen solchen worten nach deudschen.

Eben so hetten wir im xvj. vers dasselbige wort "*Gabnunim*" mügen also deudschen: "Was hüpffet jr höckerige oder wimperne berge?" Wer hette aber das mügen Deudsch geredt heissen? Aber weil der Psalm redet von der welt gewalt, weisheit, heiligkeit, sonderlich der Jüden, So strafft er sie, daß sie sich wider diesen Gottes berg legen, und trotzen darauff, daß sie gros, mechtig und viel sind, und wollen jr gewalt, heiligkeit und weisheit verteydigen wider den berg Gottes, so doch Gott nicht bey ihnen, als sie meinen, sondern auff diesem berge wohnet, welchen sie verachten stöltzlich, und schelten jn des Teufels berg und eitel Ketzer berge etc.

Widderumb haben wir zu weilen auch stracks den worten nach gedolmetscht, ob wirs wol hetten anders und deudlicher künnen geben, Darumb, das an den selben worten etwas gelegen ist, als hie im xviij.vers: "Du bist jnn die höhe gefaren und hast das gefengnis gefangen". Hie wäre es wohl gut Deudsch gewest: "Du hast die gefangenen erlöset", Aber es ist zu schwach und gibt nicht den feinen reichen sinn, welcher jnn dem Ebreischen ist, da es sagt: "Du hast das gefengnis gefangen", Welchs nicht allein zu verstehen ist, daß Christus die gefangen erledigt hat, Sondern auch das gefengnis also weggefurt und gefangen, daß es uns nimer mehr widderumb fangen kan noch sol, und ist so viel als eine ewige erlösung. Auff solche weise hat Sanct Paulus lust zu reden, Wenn er spricht: "Ich bin durchs gesetze dem gesetze gestorben." Item "Christus hat die sünde durch sünde verdampt." Item "Der tod ist durch Christum getödtet". Das sind die gefengnis, die Christus gefangen und weg gethan hat,

31. Le Rabbinat français (*op. cit.*, 1995, p. 83) donne de ce verset 17 la traduction suivante : « Pourquoi, montagnes aux croupes élevées, pourquoi jalousez-vous la montagne que Dieu a désirée pour sa résidence ? Oui, il y demeurera durant toute l'éternité. »

Nous n'entrerons pas dans les disputes des rabbins sur le mot *gabnunim*, les uns en faisant « les bosses du dos », les autres comprenant « les cils des yeux » ; nous n'avons quant à nous pas voulu établir notre version allemande d'après ces mots.

Le mot *gabnunim* apparaît aussi au verset suivant[31] ; là encore, nous aurions pu écrire « Pourquoi sautillez-vous, montagnes dotées de collines et de cils ? ». Mais qui donc aurait pu qualifier cette version d'allemande ? Comme ce psaume a pour objets le pouvoir, la sagesse, la sainteté de ce monde, et en particulier des Juifs, il punit ces derniers parce qu'ils s'opposent à cette montagne de Dieu et parce qu'ils se vantent d'être grands, puissants et nombreux, et qu'ils ont l'intention de défendre leur pouvoir, leur sainteté et leur sagesse contre la montagne de Dieu. Or Dieu demeure non pas auprès d'eux comme ils le croient, mais sur cette montagne, montagne qu'ils méprisent et qu'ils appellent montagne du diable et des fieffés hérétiques, etc.

À l'inverse, il est des passages où notre traduction calque les mots du texte original, alors que nous aurions fort bien pu en donner une version différente et plus explicite : c'est que ces mots-là avaient une valeur singulière, comme par exemple au verset 19, où « Tu es monté dans les hauteurs et Tu as emprisonné la prison » aurait été bien traduit par « Tu as délivré les prisonniers ». Mais cette formulation serait trop plate, et elle ne rendrait pas la tournure hébraïque dans toute la richesse de son sens, c'est-à-dire littéralement « Tu as emprisonné la prison »[32], ce qui signifie que le Christ a non seulement délivré les captifs, mais aussi emporté et capturé la prison elle-même, de sorte qu'elle ne pourra jamais plus se refermer sur nous, ce qui équivaut à une délivrance éternelle. Paul veut dire

32. *Traduction du Rabbinat français*, 1995, *op. cit.*, p. 83 : « Tu es remonté sur les hauteurs après avoir fait des prises ; tu as reçu des dons parmi les hommes ; même des rebelles [sont contraints] de demeurer près de l'Éternel, près de Dieu. »

daß uns der tod nicht mehr halten, die sunde nicht mehr schuldigen, das gesetz nicht mehr das gewissen strafen kan, wie Sanct Paulus solche reiche, herrliche, tröstliche lehre allenthalben treibt. Darumb müssen wir zu ehren solcher lere und zu trost unsers gewissens solche wort behalten, gewonen und also der Ebreischen sprachen raum lassen, wo sie es besser macht, denn unser Deudsche thun kan.

Also haben wir Psalm xcj. den v. und vj. vers lassen auff Ebreisch stehen, also: “Daß du nicht erschrecken müssest vor dem grawen des nachts, vor den pfeilen, so des tages fliegen, vor der pestilenz, die im finstern schleicht, vor der seuche, die am mittage verderbet”, etc. Diese vier plage oder unglück, so ein gerechter leiden muß umb Gottes willen, weil sie tunckel und mit verdeckten worten gered sind, möchte sie einer wol anders deuten denn der ander. Darumb haben wir einem jglichen wollen raum lassen nach seines geists gaben und maße, die selbigen zu verstehen, Sonst hetten wir sie wol also verdeudscht, damit unser verstand hette erkand mügen werden.

Nemlich das erste ubel, so der gerecht leiden muß, ist furcht des nachts, das ist drewen, hassen, neiden und schaden. Denn Gottes wort erweckt allezeit fahr und feindschafft. Solche feindschafft, heisst er hie, furcht der nacht. Das ander ubel sind pfeile, die bey tage fliegen, Das sind offenberlich lesteren, widersprechen, schelten, schmähen, verfluchen, verdamnen, wie jtzt Bäpstliche Bullen, Keiserliche Edict, Fursten und Herrn verbot, der Sophisten predigt und bücher und der rotten geister schrifft thun. Das dritte ist Pestilentz oder fieber, so im finstern schleicht. Das sind, die heimlichen tücke, liste,

33. Peut-être une réminiscence de Romains 6:9, de 1 Corinthiens 15:55 et de Hébreux 2:14. Ou alors une allusion à la formule liturgique « *mors mortua tunc est in hoc ligno quando mortua vita fuit* » (« la mort est morte quand la vie fut mise à mort sur le bois de la croix », extrait de l’antienne « O magnum pietatis opus »).

la même chose lorsqu'il écrit « C'est par la loi que je suis mort à la loi » (Galates 2:19), « Le Christ a condamné le péché par le péché » et « La mort a été mise à mort par le Christ »[33]. Telles sont les prisons que le Christ a capturées et supprimées et désormais, conformément à l'enseignement riche, magnifique et consolateur que saint Paul professe[34] partout, la mort ne peut plus nous arrêter, le péché ne peut plus nous valoir la culpabilité[35], la loi ne peut plus punir notre conscience. Voilà pourquoi, par respect pour cet enseignement et pour la consolation de notre conscience, il nous faut garder ces mots tels quels et nous habituer à eux, pour donner libre cours à la langue hébraïque là où elle est plus expressive que notre langue.

De même dans le psaume 91, nous avons laissé comme en hébreu les versets 5 et 6, ce qui donne : « Tu n'auras à craindre ni les terreurs de la nuit, ni les flèches qui volent le jour, ni la peste qui rôde dans l'ombre, ni l'épidémie qui fait des ravages en plein midi. » Ces quatre fléaux ou malheurs que doit endurer le juste parce que telle est la volonté de Dieu étant évoqués en termes obscurs et voilés, chacun pourra les interpréter à sa guise. Nous avons donc voulu laisser le champ libre, afin que chacun comprenne selon les dons et la mesure de son esprit[36]. Il va sans dire que nous aurions été capables de restituer ce passage en allemand, pour montrer que nous l'avions compris.

Le premier de ces fléaux infligés au juste, à savoir les terreurs de la nuit, symbolise les menaces, la haine, la jalousie et les dommages, car la parole de Dieu suscite toujours le danger et l'hostilité. C'est cette hostilité qui est appelée ici « les terreurs de la nuit ». Le deuxième fléau, « les flèches qui volent le jour », ce sont les calomnies ouvertes, les répliques, les reproches, le mépris, les

34. *treiben = verkünden, vertreten* (WA 38, p. 13).
35. *schuldigen = für schuldig erklären* (WA 38, p. 13).
36. Voir 1 Corinthiens 12.

anschlege, pracktiken, bündnis, damit die widdersacher unternander sich beraten und vereinigen jnn ihren kamern und winckeln (die niemand mercken noch verstehen sol), wie sie das wort Gottes unterdrücken wollen und die gerechten ausrotten. Das vierte ist die seuche oder pestilentz, die im mittage verderbet, das ist die offenberliche verfolgung, da sie mit der that erhencken, ertrâncken, erwürgen, verbrennen, verjagen, berauben, etc., damit sie das wort offenberlich verstören und alles zu grund verderben wollen.

Solchs ist mein verstand an diesem ort, Weis aber wol, das Sanct Bernhard einen andern hat, den ich lasse gut sein, wie wol er allzu viel mich dünckt münchentzen, und zu geringe sein fur die Christen oder Christlichen Kirchen, welche mehr ums wort und glaubens willen wird angefochten denn umb des lebens oder wercks willen. Andere mügen auch anders deuten, die lassen wir (wie gesagt) jres sinnes gewis sein. Unser verstand ist ja auch gut, wo er nicht der beste sein sol, Denn wir sehen ja und erfahrens teglich, daß Gottes wort mit solchen vier stücken wird angegriffen. Darumb tröstet der heilige geist unsern glauben, daß er sich dafur nicht furchten solle, ob ers gleich leiden müsse.

Item, im selbigen Psalm, haben wir im ix. vers das Pronomen "*Mea*" jnn "*Tua*" verwandelt, und aus "Meine" gemacht "Deine". Darumb, daß der vers tunckel ist, so man sagt: "Denn der HERR ist meine zuversicht", So er doch durch den gantzen Psalm füret das wort "Deine" und redet zu einem andern oder von einem andern, wie auch im selbigen vers "Der höhest ist deine zuflucht", Und der gemein Deudsch man die plötzliche verenderung der personen im reden nicht wol kan mercken, Darumb haben wirs klerlich

37. *münchentzen = nach Mönchtum schmecken* (WA 38, p. 14, note 2).
38. Luther personnifie la foi : ce qui est en cause, ce n'est pas la personne du Réformateur, mais sa foi, comme il ressort du cantique luthérien « *Es ist unser Gott eine feste Burg* ».
39. *merken = verstehen* (d'après WA 38, p. 14).

malédictions et les condamnations, sous toutes leurs formes actuelles : bulles du pape, édits de l'empereur, interdictions prononcées par les princes et les seigneurs, prédications et livres des sophistes, écrits des esprits sectaires. Le troisième fléau est la peste ou la fièvre qui avance en rampant dans l'obscurité. Il s'agit des ruses secrètes, de la sournoiserie, des attaques, des agissements retors et des alliances par lesquels les contradicteurs se mettent d'accord et se liguent dans leurs coins et dans leurs chambres (que nul ne doit connaître ni comprendre) pour réprimer la parole de Dieu et pour exterminer les justes. Le quatrième fléau est l'épidémie ou la contagion qui frappe en plein midi, c'est-à-dire la persécution ouverte, qui n'hésite pas à pendre, à noyer, à étrangler, à brûler, à chasser, à détrousser, etc., pour que la Parole soit détruite au grand jour et que tout soit anéanti.

Telle est mon interprétation de ce passage. Mais je sais pertinemment que saint Bernard en donne une autre, que je veux bien admettre, même si à mon goût elle sent trop le moine[37], et qu'elle me semble trop pusillanime pour les chrétiens ou pour les églises chrétiennes, qui sont l'objet d'attaques en raison de la Parole et de la foi plutôt qu'en raison de la vie et des œuvres. D'autres lectures encore sont bien entendu possibles, et (nous l'avons dit) nous ne les contesterons pas. Notre lecture est bonne elle aussi, quoiqu'elle ne prétende pas être la meilleure. En effet, nous voyons tous les jours la parole de Dieu attaquée par ces quatre fléaux : c'est pourquoi le Saint-Esprit conforte notre foi[38] et l'invite à ne pas avoir peur, dût-elle subir ces quatre fléaux.

Toujours dans le psaume 91, au verset 9, nous avons rendu une première personne du singulier par une deuxième personne, transformant *mea* en *tua*, car ce verset serait obscur si l'on disait « Dans le SEIGNEUR j'ai placé ma confiance », alors que tout le reste du psaume est rédigé à la deuxième personne, et s'adresse à un autre ou parle d'un autre. Qui plus est, ce même verset 9 se termine par « le Très-Haut est *ton* refuge ». Pour éviter de dérouter nos lecteurs[39]

und deudlich wollen geben, weil man solcher weise zu reden Deudschen nicht so gewonet ist wie im Ebreischen, Da offtmals geschicht, daß einer jtzt spricht, "Du" und "Der", so er doch mit einerley personen redet, wie das die Ebreer wol wissen, Solchs haben wir etliche mal mehr gethan, Ob nu das Meister Klügling villeicht nicht wird gefallen, der nicht darnach fragt, wie ein Deudscher müsse den text verstehen, sondern die wort steiff und genaw behellt, daß jn niemand verstehen kan, das ficht uns nicht an, wir haben dem sinn nichts genomen, und die wort deudlich gegeben.

Item, Psalm xcij.: "Wenn sie gleich alt werden, werden sie dennoch blühen, fruchtbar und frisch sein", Wissen wir wol, daß von wort zu wort also lautet: "Sie werden noch blühen im grawen har, fett und grüne sein". Was ist das gesagt? Der Psalm hatte die gerechten vergleicht den bäumen, als Palmbewmen und Cedern, die selbigen haben kein graw har, sind auch nicht fett (Welchs ein Deudscher verstehet von schmaltz, und denckt an einen feisten bauch). Aber der Prophet will sagen, Die gerechten sind solche bewme, die auch blühen, fruchtbar und frisch sind, wenn sie gleich alt werden, und müssen ewiglich bleiben. Denn Gottes wort bleibt ewig, welchs sie leren, Psalm j: "Seine blätter verwelcken nicht", Denn sie nehmen jhe lenger jhe mehr zu, beide, im wort und leben, Aber alle andern bewme nehmen zu letzt abe, wenn sie alt werden, sonderlich die rottengeister, so Gott nicht gepflantzt hat, wie Christus spricht: "Alle pflantzen, die mein himmlischer Vater nicht gepflantzt hat, müssen ausgerottet werden".

40. La *TOB* (éd. 1988, p. 888) explique ce changement de personne verbale d'une autre manière : « ce psaume se déroule comme un dialogue entre un catéchète et un fidèle ; aux versets 2 et 9*a*, le fidèle exprime son assentiment à l'enseignement qu'il reçoit. »
41. Ce psaume est chanté le jour du Chabbat. (voir Goeffrey WIGODER (dir.), *op. cit.*, p. 833, encadré intitulé « Les psaumes quotidiens »).
42. Luther faisant de l'ensemble des Écritures une lecture christocentrique, il voit ici le psalmiste comme un prophète annonçant l'avènement du Christ.
43. Matthieu 15:13.

par ce brusque changement de personne, nous avons voulu éclaircir ce passage en le rendant conforme aux manières de dire propres à la langue allemande. En effet, il arrive souvent en hébreu qu'on parle à quelqu'un en lui disant tantôt « tu », tantôt « il » ou « elle », sans que nul ne s'en étonne[40]. Nous avons d'ailleurs procédé de la même façon dans bien d'autres passages, n'en déplaise à ces ergoteurs qui, peu soucieux de la manière dont un Allemand comprendra le texte traduit, conservent les mots avec une exactitude rigoriste et produisent un discours inintelligible. Leurs critiques ne nous touchent pas : nous n'avons rien retranché au sens du texte, nous avons restitué les mots sans ambiguïté.

Semblablement au verset 15 du psaume 92[41] : « Même devenus vieux, ils continueront de fleurir, de donner des fruits et d'être pleins de sève. » Nous savons bien que la traduction littérale de ce verset serait « Ils fleuriront encore lorsqu'ils auront les cheveux gris, ils resteront gras et verts ». Mais qu'est-ce à dire ? Le psaume compare les justes à des arbres, à des palmiers ou à des cèdres. Mais les arbres ne sauraient avoir des cheveux gris, pas plus qu'ils ne peuvent être gras (une idée que tout Allemand associe à la graisse, ce qui le fait penser à un ventre rebondi). Or, le prophète[42] veut dire que les justes sont pareils à ces arbres qui fleurissent, portent des fruits et restent verts même lorsqu'ils sont chargés d'années. Ils doivent demeurer ainsi pour toujours, car la parole de Dieu demeure éternellement, comme le dit le verset 3 du psaume 1 : « son feuillage ne se flétrit pas ». Car à mesure que le temps passe, ils prennent de l'ampleur dans la parole et dans la vie. Tous les autres arbres, et tout particulièrement les esprits sectaires, que Dieu n'a pas plantés, finissent par se rabougrir lorsqu'ils deviennent vieux. Comme le dit le Christ[43] : « Toute plante que n'a pas plantée mon Père céleste devra être arrachée. »

Item Psalm cxviij. Im xxvij. vers wussten wir zu guter massen wol, daß die Jüdischen Rabini so lesen: “Bindet das Osterlamm mit seilen bis an die hörner des altars”, Da wir also deudschen: “Schmücket das fest mit meygen”, Sie machen aus dem wort “*Hag*” (welchs eigentlich ein Fest oder Feyertag heisst) ein Osterlamm, durch eigene thurst. Und obs gleich anders wo so erfunden würde, als sie furgeben, So mügen sie doch hie nicht solchs beweisen. Und wo stehets geschrieben, daß die Jüden das Osterlamm mit stricken zum altar sollten füren, welchs ein jglicher daheim jnn seinem hause braten und mit seinem gesinde essen müsste, wie sie noch thun, ob sie wol keinen altar haben?

Weil denn solchs ein Jüdisscher jrriger sinn ist im Text, Und wir wissen, daß dieser Psalm von Christo und seinem Reich singet, Und die wort dieses vers', aus

44. La *Traduction œcuménique de la Bible* (*TOB*, Alliance biblique universelle / Le Cerf, Paris, 1988) précise (p. 110) que l'on « appelait *cornes* les angles relevés d'un autel ». Voici la *Traduction du Rabbinat français*, 1995, p. 155 : « Attachez la victime par des liens tout contre les angles de l'autel » ; consulter aussi les vedettes AUTEL, TEMPLE, SACRIFICE, SACRIFICES ET OFFRANDES dans les ouvrages précités d'Alan UNTERMAN et de Geoffrey WIGODER (dir.). Lire aussi Exode 27:2.
45. *meygen* : la graphie moderne de ce mot est « *Maien* », qui est dérivé de *Mai* [le mois de mai].
46. *thurst* = *willkür* (WA 38, p. 15).
47. Information lexicale confirmée par Alan UNTERMAN, *op. cit.*, p. 108 : « fêtes : (en hébreu *moed*, *hag* ou *yom tov*). »
48. On peut considérer qu'il y a métonymie entre « fête, offrande » et « agneau pascal » : il nous semble donc licite de dire « Préparez la Pâque » dans le sens de « Préparez le sacrifice ».
49. Luther passe sous silence le fait que les Psaumes remontent à une époque où les sacrifices étaient pratiqués quotidiennement au Temple de Jérusalem. Depuis la destruction du Second Temple par les légionnaires de Titus (en 70 après J.-C.), la pratique de la religion juive s'est concentrée sur l'étude des textes.
Plus grave : Luther feint de ne pas savoir que la table familiale est, dans la culture juive, un substitut de l'autel : « Lorsque la destruction du Second Temple entraîna la disparition du culte sacrificiel, les actes de charité furent considérés comme assurant l'expiation au même titre que les sacrifices. C'est pourquoi, selon le Talmud, la table familiale (sur laquelle le chef de famille bénit sa nourriture et à laquelle il accueille les pauvres) remplace l'autel. » (Alan UNTERMAN, *op. cit.*, p. 41).

De même encore au verset 27 du psaume 118 : nous savions fort bien que les rabbins juifs lisent « Attachez l'agneau pascal par des cordes tout contre les cornes de l'autel »[44] ; nous avons néanmoins traduit par « Fixez des rameaux[45] en signe de fête ». Les Juifs font arbitrairement[46] du mot *hag* (qui désigne en réalité une fête ou un jour de fête[47]) un agneau pascal[48]. Et même si ce mot avait ailleurs le sens qu'ils disent, ils ne pourraient pas prouver qu'il a ce sens dans le verset discuté ici. Et puis où est-il écrit que les Juifs devaient mener l'agneau à l'autel du sacrifice en s'aidant de cordes, alors que chacun d'eux devrait le rôtir chez lui et le manger avec ses serviteurs, ce qu'ils font d'ailleurs aujourd'hui encore, même s'ils n'ont pas d'autel[49] ?

Comme c'est là une mauvaise lecture que font les Juifs et comme nous savons que ce psaume chante le Christ et son règne, et que du fait de la spécificité des langues, les mots de ce verset ont le sens de « Attachez la fête avec des rameaux », nous avons rédigé une traduction claire : « Égayez la fête en attachant des rameaux aux cornes de l'autel » (c'est là une allusion aux cabanes recouvertes d'un toit de feuillages qui sont propres à la fête juive des Cabanes[50]). La mention de

50. *Cf.* Lévitique 23:39-43. La fête des Cabanes, ou *Soukkoth*, « est la fête des récoltes d'automne, mais commémore aussi les quarante années de traversée du désert par les Israélites. » (Goeffrey WIGODER (dir.), *op. cit.*, p. 776). « Durant les sept jours de *Soukkoth*, les Juifs abandonnent leur logis habituel pour s'installer dans une *soukka*, cabane de fortune dont le toit est fait de branchages assez légers pour laisser passer la pluie. Ils y prennent leurs repas, et certains Juifs pieux y passent même la nuit. La *soukka* a pour but de rappeler aux Juifs les abris précaires sous lesquels leurs ancêtres vécurent au cours de leur errance dans le désert pendant l'Exode [Lévitique 23:42-43] ainsi que la nuée de gloire qui les protégeait de la rigueur des éléments. Ainsi la *soukka* rappelle aux Juifs que, plus que la brique et le mortier, Dieu seul représente une protection sans faille. Bien que l'Exode ait eu lieu au printemps, la fête de *Soukkoth* est célébrée en automne du fait qu'au printemps, les gens ont naturellement tendance à rechercher un peu de fraîcheur à l'extérieur de leur maison et que l'installation dans la *soukka* perdrait de sa signification. L'automne est aussi l'époque de la fin des moissons, où les greniers sont pleins. S'installer sous un toit fragile contribue donc à rappeler aux riches fermiers la situation précaire des pauvres. » (Alan UNTERMAN, *op. cit.*, p. 276).

art der sprachen diesen sinn geben: “Bindet das fest mit meygen”, Haben wirs deudlich also gemacht: “Schmückt das Fest mit meigen (welchs ist die geistliche laubrust oder lauberhütten Fest, welchs furbilde war der Jüden laubrust) bis an die hörner des altars”. Mit dem altar zeigt er an, daß es solt eine geistliche laubrust sein, da ein altar bey sein müsste. Bey der Jüden laubrust musste kein altar sein, sondern allein zu Jerusalem. Und ist die meinung, daß zur zeit Christi, alle Fest ein teglich Fest sein sollen, darinn man frölich im glauben predige, und damit Gott danckopffer thu. Das heißt: “bis an den altar das fest mit meygen schmücken”, frölich sein im wort und glauben und also Gott loben und preisen jnn Christo, welcher unser altar ist.

Item im zwelfften vers, da wir also deudschen: “Sie dempffen wie ein feuer jnn dornen”, machens die Rabini also: “Sie verlöschen odder werden gedempfft wie feur jnn dornen”, Und soll die meinung sein: Die Gottlosen verfolger sind gleich wie die dornen unter einem töpffen angelegt und grewlich blitzen und brennen, Aber ehe das fleisch im töpffen gar wird, haben die dornen sich ausgebrand und verlesschen und lassen das fleisch wol rohe bleiben, Also gehen die verfolger unter, ehe denn sie die gerechten auffreumen. Also ziehen die Rabini allenthalben, wo sie können, die schrift auf jre töpffen und opffer, als die auf solche opffer und werck jr heiligkeit am meisten bawen.

Aber weil im Text folget “Im namen des HERRN will ich sie zerhawen” (wie die selbigen wort jnn den zweien versen davor auch stehen), durch welche wort angezeigt wird, wie die Gottlosen sollen untergehen, halten wir den sinn, den unser text gibt, daß damit ausgedruckt werde der große grim der widdersacher gegen die gerechten, gleich wie er sie auch den zornigen bienen im selbigen vers vergleicht,

51. Le Rabbinat français (*op. cit.*, 1995, p. 153) donne la traduction suivante : « Qu’ils m’entourent comme des abeilles, soient brûlants

l'autel montre que le psalmiste pense à une cabane spirituelle, puisqu'il doit y avoir un autel. Or, pour leur fête des Cabanes, les Juifs n'ont pas besoin d'autel, le seul autel étant au Temple de Jérusalem. Cela signifie donc qu'à l'époque du Christ, chaque fête doit être une fête quotidienne durant laquelle on prêche d'un cœur joyeux et confiant. C'est-à-dire que l'on rend grâces à Dieu : « Jusqu'auprès de l'autel, apportez les rameaux qui orneront la fête ». En d'autres termes : soyez pleins d'allégresse en paroles et en piété, louez Dieu et exaltez-Le en Christ, car c'est Lui notre autel.

Au verset 12, que nous traduisons par « ils partent en fumée comme un feu de ronces », les rabbins lisent : « ils s'éteignent ou se consument comme un feu de broussailles »[51]. Le sens est le suivant : les persécuteurs impies sont pareils à des ronces qui brûlent sous un chaudron en crépitant et en jetant des étincelles, mais avant que la viande ne soit cuite dans le chaudron, les ronces sont entièrement consumées et le feu s'éteint, laissant la viande crue. C'est de la même façon que périront les persécuteurs avant d'avoir exterminé[52] les justes. C'est ainsi que partout où ils le peuvent, les rabbins adaptent leur interprétation des Écritures à leurs chaudrons et à leurs sacrifices, comme s'ils bâtissaient leur sainteté principalement sur de tels sacrifices et sur de telles œuvres.

Cependant, puisque la suite du texte (tout comme les deux versets précédents) dit « Au nom du SEIGNEUR, je veux les tailler en pièces », des mots qui montrent de quelle façon les impies doivent périr, nous maintenons le sens que nous lui donnons dans notre version, afin d'exprimer la rage haineuse de ceux qui combattent les justes – dans le même verset, le psalmiste compare les impies à des abeilles en furie, puis à ceux qui se précipitent pour éteindre une haie

comme un feu de broussailles : au nom du Seigneur, je les taille en pièces. »

52. *auffräumen = vernichten, beseitigen* (WA 38, p. 16, note 1).

Also auch hie den jenigen, so zu lauffen und löschen, wenn eine hecke oder wald brennet, Welches auch die Ebreische Grammatica gibt, wo sie jre puncte nicht hinan flicken ohn ursache. Auch wenn die dornen verbrand und verlosschen sind, wie reimet sichs drauff, daß man sie im namen des HERRN zu hauen wolt? Soll man jnn die asschen hawen, oder sol man die Gottlosen, so nicht mehr sind, aller erst umb bringen?

Und was ists not von allen worten solche rechenschafft geben? Wir haben für wahr keinen vleis noch mühe gespart, Wers besser machen kann, dem ists wol gegönnet, Aber ich hoffe, soll er unsers Psalterlins nicht dazu gebrauchen, er solle den Psalter verdeudschen, das weder Deudsch noch Ebreisch viel drinnen bleibe. Das soltu daran mercken, wo du unsern Psalter gegen seinen halten und seine eigen kunst, oder unser wort abgestohlen, finden wirst. Es ist ein schendlicher, verdrießlicher man, Meister Klügling: wenn er ein wortlin finden kann, das wir versehen hetten (Denn wer will so vermessen sein, daß er, gleich als wäre er Christus oder der heilige geist selbs, kein wort, wolt gefeilet haben?), da ist er meister und *Lux mundi*, ob er wol weiß, daß wir den gantzen Psalter sonst wol gedeudscht hetten, und er nicht einen vers im gantzen Psalter recht verdeudschen künde, Es sind Schendler, und *Calumniatores*, das bleiben sie.

Und wie gehets doch zu, daß man uns allein so genaw sucht, so doch der alte Psalter auch Sanct Hieronymus und viel andere aus der maßen viel mehr gefeilet haben denn wir, beide, im Griechischen und Latinischen? Oder können sie dort so gedültig und gütig sein, da sie viel mangel finden, Warumb sind sie denn hie so gifftig und unbarmhertzig, da

53. Le texte biblique que les Juifs lisent à la synagogue est dépourvu de voyelles, comme aux temps où l'hébreu biblique était parlé. La notation consonantique permet parfois d'interpréter le texte de manière différente selon le choix et la position des points-voyelles. (d'après Mireille HADAS-LEBEL, *op. cit.*, p. 77 et 82sqq).

ou une forêt en flammes : la grammaire de l'hébreu permet d'ailleurs cette lecture, à moins que certains n'y ajoutent arbitrairement des points-voyelles[53] de leur invention. Or, si les ronces ont été consumées et sont refroidies, à quoi bon les couper menu au nom du SEIGNEUR ? Est-ce à dire qu'il faut battre les cendres, ou bien qu'il faut massacrer les impies alors qu'ils ont déjà[54] été réduits à néant ?

À quoi bon justifier ainsi chaque mot ? Nous n'avons pour sûr pas ménagé notre peine ; si quelqu'un peut faire mieux, je serai le premier à l'en féliciter, pour autant qu'il n'ait pas démarqué pour ce faire notre version du psautier, et qu'il ait mis le psautier en allemand en n'y laissant ni trop d'allemand, ni trop d'hébreu. Comparez son psautier et le nôtre, et vous verrez soit sa maîtrise de la traduction, soit les mots qu'il aura volés dans notre travail. Car c'est un homme vil et haïssable[55] que l'ergoteur : s'il débusque un petit mot que nous aurions mal lu (en effet, qui aurait l'outrecuidance d'affirmer qu'aucun mot ne lui échappe, comme s'il était le Christ ou le Saint-Esprit lui-même ?), il le brandit triomphalement et se prend pour la lumière du monde[56]. Et pourtant, il sait bien que notre traduction du psautier est bonne par ailleurs, et que lui-même ne serait pas capable de mettre en allemand le plus infime versiculet : il n'est qu'un calomniateur[57], et calomniateur il restera.

Comment se fait-il que nous soyons les seuls à qui l'on cherche des poux à la tête[58], alors que dans les versions antérieures du psautier, saint Jérôme lui-même et bien d'autres ont failli bien plus souvent que nous, que ce soit en grec ou en latin ? S'ils peuvent être si magnanimes et si patients à l'égard d'une version à laquelle ils trouvent pourtant bien des défauts, pourquoi donc se montrent-ils

54. *aller erst* = *erst recht noch* (WA 38, p. 16, note 4).
55. *verdrießlicher* = *ekliger, widerwärtiger* (WA 38, p. 16, note 7).
56. Allusion à Matthieu 5:14, « Vous êtes la lumière du monde ».
57. *Schendler* = *Spötter, Lästerer* (WA 38, p. 16, note 9).
58. *suchen* = *untersuchen, nachprüfen* (d'après WA 38, p. 16, note 10).

sie doch viel guts finden, welchs sie sonst nirgent funden haben? Aber es ist die leidige hoffart und der große neid Meister Klüglings, weil der selbige sihet, daß er nichts guts machen kan, wil er doch damit ehre eriagen und meister sein, daß er frembde gute erbeit lestern und schenden kann. Aber die zeit wirds bringen und, Was Gott pflantzt, wird bleiben.

Also werden sie jre kunst ohn zweifel auch jnn dem versuchen, da wir die regel gerhümet haben, daß wir zuweilen die wort steiff behalten, zu weilen allen den sinn gegeben haben. Hie werden sie aller erst klügeln und haddern, wie wir solcher regel nicht recht noch zur rechten zeit gebraucht haben, wie wol sie vorhin von solcher regel nie nichts gewußt haben, Sondern wie jr art ist, Was sie hören, das können sie flugs besser denn jederman. Ich wolt aber, wenn sie ja so hoch und tieff gelehrt wären und jre kunst beweisen wollten, Sie nähmen das einige und doch fast gemeine wort "*Chen*" vor sich und gäben mir gut Deudsch drauff: fünfzig gulden will ich dem verschaffen, der mir solch wort durch und durch jnn der schrifft eigentlich und gewiß verdeudscht, und laßt alle meister und klüglinge alle jre kunst zu samen thun, auff daß sie doch sehen, wie selbs dolmetschen gar viel ein andere kunst und erbeit ist denn eins andern dolmetschen taddeln und meistern. Wer unser Dolmetschen nicht haben will, der laß es. Wir dienen damit den unsern, und die es gerne haben.

59. *leidige = abscheudiche, verwünschte* (WA 38, p. 17, note 1).

60. *ḥen* (le charme, l'attrait, la grâce, la faveur) est effectivement un petit mot polysémique dont la traduction a causé quelques tracas à Luther. Il le traduit tantôt par « faveur » (*gonst*, *cf.* Proverbes 3:4), tantôt par un adjectif comme *holdselig* (celui-là même qu'il a utilisé dans la formule d'annonciation de l'ange à Marie : cf. Pr 11:16 où il rend « une femme de charme » par *eyn holdselig weyb*). À noter, à propos de Proverbes 22:1, que Luther corrigera sa propre traduction de *ḥen* entre 1524 (première publication des Proverbes) et 1545, passant de « *wer [...] ist [...] holdseliger lippen* » [« celui dont les lèvres ont de la grâce »] à « *wer [...] liebliche rede hat* » [« celui qui parle agréablement », « celui qui tient des discours agréables »].

si féroces, si intraitables, alors même qu'ils trouvent dans notre travail beaucoup de qualités qu'ils ne trouvent nulle part ailleurs ? Telles sont la maudite arrogance[59] et la jalousie dévorante du donneur de leçons qui, se sachant incapable de faire quoi que ce soit de bon, entend tout de même s'attirer des éloges et faire son titre de gloire d'avoir éreinté le bon travail d'autrui. Mais le temps viendra, et ce que Dieu plante est fait pour durer.

Je parie qu'ils exerceront leur art en soulignant que nous avons loué la règle selon laquelle il convient tantôt de calquer les mots de l'original, tantôt d'en restituer seulement le sens. Leurs élucubrations et leurs chicanes consisteront d'abord à nous reprocher de n'avoir pas appliqué ladite règle de la bonne façon ou au bon moment, alors que cette règle leur était inconnue un instant plus tôt. Mais selon leur habitude, à peine entendent-ils parler de quelque chose que les voilà passés maîtres en cette matière. Quant à moi, si leur science est si haute et si profonde, et s'ils veulent en apporter la preuve, j'aimerais qu'ils prennent un seul petit mot presque ordinaire, *ḥen*[60], et qu'ils m'en fassent une bonne traduction en allemand[61]. Je lègue[62] cinquante pièces d'or à celui qui réussira à m'en donner une traduction pertinente[63] et incontestable pour l'ensemble des Écritures ; que tous les ergoteurs mettent en commun leur art et leur compétence : ils verront ainsi que traduire soi-même est un art et un travail autrement plus difficile que se répandre en blâmes et en remontrances sur la traduction faite par un autre. Que ceux qui n'aiment pas notre ouvrage le laissent là où il est. Notre labeur est destiné à ceux qui sont des nôtres et qui apprécient nos efforts.

61. *gut Deudsch drauff geben = eine gute Übersetzung dafür geben* (WA 38, p. 17, note 6).
62. *jmdm etwas verschaffen = jmdm etwas testamentarisch vermachen* (WA 38, p. 17, note 7).
63. *eigentlich = treffend. [...] es ist vielleicht eine feste, überall (durch und durch) anwendbare Verdeutschung gedacht* (WA 38, p. 17, note 8).

Das sey gnug vom Dolmetschen, Wollen nu den Psalter und die Summarien fur nehmen den einfältigen und so weniger können wir anzeigen, was ein iglicher Psalm will und vermag.

[...]

Assez parlé de traduction. Venons-en maintenant au Psautier et au contenu de chacun des psaumes ; nous exposerons à l'intention des simples chrétiens et des personnes moins instruites que nous la visée et les vertus de chacun des psaumes.

[...]

ANNEXE
Les « personnages » de la *Lettre ouverte sur l'art de traduire et sur l'intercession des saints*

La présente annexe se propose de fournir quelques éléments biographiques concernant un certain nombre de personnalités qui sont citées dans la *Lettre ouverte sur l'art de traduire*. Le classement des notices suit le déroulement du pamphlet-traité de Luther.

Wenczeslaus Linck (Wenceslas Link) (vers 1483 – 12 mars 1547)

C'est lui le récepteur (mais non le destinataire, lequel est désigné laconiquement par l'initiale N) de la *Lettre ouverte sur l'art de traduire.*

Né à Colditz (Meissen) vers 1483, Wenceslas [Wenzel] Link est devenu moine augustin au couvent de Waldheim. Il a été prieur de divers couvents (dont Wittemberg, Munich et Nuremberg), puis a succédé à Staupitz au poste de vicaire général de l'ordre des augustins. À l'instar d'autres moines augustins, il a très tôt adhéré à la doctrine réformatrice de

Luther[1] ; il fut aussi son ami, comme le montre l'abondant courrier qu'il a reçu de Luther dès juillet 1518.

Exact contemporain de Luther, il a une trajectoire de vie assez semblable à celle du Réformateur : moine augustin, puis docteur en théologie (il obtient le grade de docteur à Wittemberg en 1511, un an avant Luther), il quittera lui aussi le couvent pour se marier. Link a invité Luther à son mariage en avril 1523[2]; celui-ci lui rendra son invitation lorsqu'il épousera Katharina von Bora [Catherine de Bore] en juin 1525[3]. Les thèmes abordés parfois dans leur correspondance (remerciements pour des outils et pour des semences) et les plaisanteries dont elle est émaillée[4] révèlent la complicité qui unissait les deux hommes. On raconte même que lorsqu'en 1518, Luther a dû comparaître devant le cardinal Cajétan en marge de la Diète d'Augsbourg[5], Link lui a prêté sa robe de bure, la sienne étant en meilleur état[6].

Ces quelques éléments montrent que Wenceslas Link était on ne peut plus digne de la confiance que lui fait Luther en lui adressant sa *Lettre ouverte sur l'art de traduire et sur l'intercession des saints*. (Rappelons qu'en

1. *Cf.* Marc LIENHARD, *Martin Luther, un temps, une vie, un message*, 1983, p. 126.
2. *Cf.* lettre de Luther à Link du 8 avril 1523 (cf. DE WETTE, *Dr. Martin Luthers Briefe, Sendschreiben und Bedenken*, 1825-1828, vol. 2, p. 318).
3. Le 13 juin 1525 selon Marc LIENHARD (in : *Martin Luther, un temps, une vie, un message*, 1983, p. 450) ; le 27 juin selon Asta SCHEIB (in : *Kinder des Ungehorsams*, (1985) 1996, p. 159).
4. Par exemple, l'adresse du destinataire est ainsi libellée par Luther dans sa lettre du 11 décembre 1518 : « *Reverendo Patri Wenceslao Sinistro, Theologo dextro, Augustiniano Nurmbergensi Ecclesiastae, sibi in Christo suspiciendo M.* » (cf. DE WETTE, vol. 1, pp. 192-194); quant aux formules de salutation, elles ressemblent souvent à celle qui termine la lettre du 12 septembre 1530 : « *Saluta carnem tuam cum fructibus* ». Ainsi encore dans la lettre du 28 août 1526 (DE WETTE, vol. 3, pp. 125-126) : « *Tu pro me ora et vale cum tua costa* [...] ».
5. *Cf.* Marc LIENHARD, *Martin Luther, un temps, une vie, un message*, 1983, p. 66.
6. D'après *Fortsetzung und Ergänzungen zu Ch. G. JOECHERs allgemeinem Gelehrten-Lexikon*, 1961, vol. 5, p. 1851, a.

septembre 1530, Philippe Melanchthon était occupé à la Diète d'Augsbourg).

saint Jérôme (Sophronius Eusebius Hieronymus) (vers 347 – 30 septembre 419 ou 420)

L'auteur de la Vulgate est cité dans le *Sendbrief vom Dolmetschen* comme devancier dans l'art de traduire la Parole et comme « compagnon d'infortune », victime comme Luther des critiques émises par des incompétents. Ses positions théoriques dans le domaine de la traduction ont été rapidement évoquées dans notre Introduction, mais nous y revenons dans la présente notice.

Né à Stridon en Dalmatie dans une famille chrétienne, Sophronius Eusebius Hieronymus a acquis une solide culture littéraire classique à Rome avant d'être ordonné prêtre à Antioche vers 379. Il fut le secrétaire du pape Damase Ier (382-384), lequel le chargea de procéder à une révision critique de la Bible qui aboutit à la version latine que depuis le XVIe siècle on appelle communément la Vulgate, notamment parce que l'Église romaine venait de choisir le latin pour langue liturgique (et donc d'abandonner l'usage du grec). Jérôme dut en particulier comparer les diverses versions latines disponibles. Au moment de se mettre à la tâche, Jérôme fut

> […] confronté au problème qu'il existait déjà une traduction latine de la Bible, bien implantée mais de mauvaise qualité, qu'il ne pouvait pas ignorer. Il se trouvait par conséquent dans une situation nécessitant des compromis entre les principes philologiques d'une traduction exacte, et l'habitude qu'avaient les lecteurs d'une forme précise du texte à retraduire.[7]

7. Claudia WICK, « Jérôme et la Bible latine : révision critique ou (re) traduction ? », 2016, p. 347.

Le mandat confié à Jérôme par Damase n'est pourtant pas de retraduire l'ensemble du texte, ni même de procéder à une révision radicale :

> [...] Jérôme était parfaitement conscient que ce travail, pourtant entrepris à la demande du pape [*tu qui summus sacerdos es, fieri iubes*], était périlleux car des critiques lui reprocheraient « d'être un faussaire commettant un sacrilège » [*falsarium me... esse sacrilegum*]. Un procédé prudent était de mise, et Jérôme assure : « Afin que les Évangiles ne s'écartent pas trop de la forme habituelle du texte latin [*ne multum a lectionis latinae consuetudine discreparent*], j'ai imposé de la retenue à ma plume de sorte que, après avoir corrigé exclusivement les contresens, j'ai laissé le reste tel qu'il était »[8].

En dépit de la modération extrême de ses interventions sur le texte de la *Vetus latina*, Jérôme a été attaqué avec une rare violence. Force est donc de se dire que ses adversaires voulaient frapper non pas son travail, mais sa personne même, car le pape Damase était mort en 384 :

> Pour dénigrer Jérôme, successeur potentiel de Damase, ses adversaires n'eurent qu'à le présenter comme un novateur qui ne craint pas de modifier le texte des saintes Écritures. En 384, c'est le candidat des « conservateurs », Sirice, qui fut élu pape. Or, celui-ci ne partageait ni le goût de son prédécesseur pour l'ascétisme, ni sa sympathie envers Jérôme. Comprenant qu'il n'y avait plus de perspectives pour lui à Rome, Jérôme décida de quitter la Ville éternelle en compagnie de quelques amies fortunées et partageant ses idéaux ascétiques. Durant l'été 385 déjà, il s'embarque pour Béthléem[9].

8. Claudia WICK, « Jérôme et la Bible latine : révision critique ou (re)traduction ? », 2016, p. 351-352.
9. Claudia WICK, *ibid.*, p. 352.

De même que Luther rappelle son titre de docteur en théologie[10] lorsqu'il est attaqué par ses contradicteurs, Jérôme est monté sur ses grands chevaux en rédigeant

> son *De viris illustribus* (392) : pour répondre aux païens qui se vantent de leur haute culture et accusent les chrétiens d'ignorance, il dresse, à l'imitation de l'ouvrage de même titre de Suétone, un catalogue des écrivains chrétiens en cent trente-cinq chapitres, qui vont de saint Pierre à Jérôme lui-même ![11]

On l'a vu, Jérôme devait obéir à divers impératifs lorsqu'il a travaillé sur la traduction des saintes Écritures. Il s'est exprimé sur ses principes de travail :

> [...] des remarques ayant trait à la manière de traduire (ou au texte à traduire) se lisent partout dans ses œuvres, mais c'est la lettre n° 57, adressée en 395 au sénateur romain Pammaque, qui est le document le plus célèbre. Cet opuscule comprenant treize sections est également connu sous le titre *de optimo genere interpretandi* [sur la meilleure manière de traduire], un intitulé qui fait penser à un ouvrage théorique, voire programmatique. [...] En fait, il devait se justifier pour la traduction informelle d'une lettre d'Épiphane de Salamine à Jean de Jérusalem, deux évêques opposés dans la querelle autour d'Origène[12].

Le « credo traductologique » de saint Jérôme est bien connu :

> [...] non seulement je le confesse, mais je le professe sans gêne tout haut : quand je traduis les Grecs – sauf dans les saintes Écritures, où l'ordre des mots est aussi un mystère – ce

10. *Cf.* WA 30/II, p. 635, 9-10, p. 636, 2 et p. 640, 16-18.
11. article JÉRÔME SAINT (article sans signature) in : *Encyclopaedia Universalis*, (1968) 1975, vol. 19 *(Thesaurus Index)*, p. 988 c.
12. Claudia WICK, *op. cit.*, p. 356.

> n'est pas un mot par un mot [*non verbum e verbo*], mais une idée par une idée [*sed sensum exprimere de sensu*] que j'exprime. En cette affaire, j'ai pour maître Cicéron [...][13]

Il est intéressant de noter que des auteurs latins comme Térence (vers 190-vers 159 avant J.-C.) et Cicéron (vers 106-vers 43 avant J.-C.) avaient déjà employé des formules telles que *verbum de verbo exprimere* ou *verbum pro verbo reddere* « pour critiquer une traduction jugée trop pédante et qui, dans l'effort de trouver pour chaque mot un équivalent précis dans la langue-cible, produit des phrases obscures et sans élégance »[14].

> La formule *sensus per sensum* semble ne pas être attestée avant Jérôme et désigne une traduction libre ou même une paraphrase. Il existe cependant un troisième type d'expression combinant (ou opposant) *verbum* et *sensus, sententia* ou *vis*. On la trouve dès Cicéron, qui affirme avoir gardé le sens des mots (*vis verborum*) au lieu de traduire mot à mot (*verbum pro verbo*). *Sensus* ou *vis* (litt. « force ») ne désigne pas seulement la [...] « signification » purement lexicale d'un mot, mais peut aussi englober par exemple sa valeur stylistique et ses connotations. Ce concept de *vis verborum* [...] n'a toutefois pas été développé par des traducteurs : il a été emprunté à la rhétorique[15].

Il convient de rappeler ici qu'il existe, et depuis longtemps, des liens forts entre réflexion sur l'activité traduisante et rhétorique – ne serait-ce que parce que la formation que suivaient les futurs rhéteurs romains incluait des exercices de traduction.

> Si la réflexion sur la manière de traduire est à ce point tributaire de l'héritage rhétorique, il n'est pas étonnant que les

13. Traduction française de Jérôme LABOURT, 1953, p. 59.
14. Claudia WICK, « Jérôme et la Bible latine : révision critique ou (re)traduction ? », 2016, p. 359.
15. Claudia WICK, *op. cit.*, 2016, p. 359-360.

traducteurs usent volontiers de procédés que leur interdirait une conception plus philologique, comme par exemple ajouter ou sauter des mots, trop éclaircir des passages obscurs, ou passer d'une traduction littérale à une paraphrase[16].

Jérôme [Hieronymus] Emser
(26 mars 1477-8 novembre 1527)

C'est lui que Luther désigne dans sa *Lettre ouverte sur l'art de traduire* par « *der Sudler von Dresden* » [le chieur d'encre de Dresde]. Aux yeux du Réformateur de Wittemberg, Emser n'est en effet que le plagiaire de sa traduction allemande des Écritures ; du point de vue de l'Église de Rome, Emser a rétabli la vérité originelle du Nouveau Testament.

Depuis la dispute de Leipzig en 1519, Jérôme Emser est l'ennemi déclaré de la Réforme et de Luther, qu'il a traité de « taureau de Wittemberg » [« *der Stier zu Wittemberg* »] : Luther a répliqué (en 1521) par un écrit adressé au « bouc de Leipzig » [« *der Bock zu Leipzig* » *et* « *Bock Emser* »][17].

Dans sa préface au *Nouveau Testament* dans la version de Jérôme Emser, le duc Georges de Saxe dit avoir chargé son secrétaire, « *Magistrum Jeronymum Emser, der Recht Licentiaten* » de corriger la traduction faite par Luther. L'absence du titre de docteur en théologie mérite d'être relevée : en effet, quel préfacier se serait privé de souligner la compétence de « son » auteur ? Les modifications apportées par Emser au texte du *Septembertestament* de Luther sont le plus souvent d'ordre stylistique ; celles qui

16. Claudia WICK, *op. cit.*, 2016, p. 360-361, qui précise en note que cette énumération de procédés est inspirée des griefs que fait à Cicéron traducteur Jean Soubiran dans *Cicéron, Aratéa- Fragments poétiques*, Paris, 1972, p. 87-95.
17. *Cf.* Reinhard DITHMAR (éd.), *Martin Luthers Fabeln und Sprichwörter*, [1989] 1995, p. 219.

touchent le contenu ont pour résultat de calquer le texte de la Vulgate[18]. Chose frappante (mais non expliquée, ou du moins non commentée par Heinz Bluhm), Emser a conservé dans sa version de Romains 3:20 une adjonction typiquement luthérienne dont il semble ne pas avoir mesuré les implications théologiques. D'autres membres du « camp catholique » semblent y avoir été plus sensibles, puisque pour la nouvelle publication de la version Emser en 1528, c'est-à-dire après la mort de son auteur, Johannes Cochlæus (théologien, quant à lui) a eu soin de faire disparaître le « *nur* » ajouté par Luther. Voici ce qu'en dit Heinz Bluhm, qui donne les versions de Luther (1522) et de Emser (1527) avant de les commenter :

> *Septembertestament* 1522 :
>
> darumb, das keyn fleysch durch des gesetzs werck fur yhm rechtfertig seyn mag/ Denn durch das gesetz/ kompt nur erkenntnis der sund.
>
> *Emser* 1527 :
>
> denn aus den wercken des gesetz wirt keyn fleisch fuer ym gerechtfertiget / sonder durch das gesetz / kompt nhur erkenntnis der sunde.
>
> Voilà une traduction fort intéressante de la part de Jérôme Emser. [...] Le lecteur n'est sans doute pas trop surpris de le voir conserver *kompt* [« vient »], le verbe très pertinent choisi par Luther, bien qu'on ait pu s'attendre à ce qu'Emser se contente d'ajouter le verbe « être » là où les textes-source latin et grec emploient une construction sans verbe. Sans conteste, *kompt* rend la version-cible plus vivante, et l'on peut certainement féliciter Emser de suivre Luther sur ce point. Quant au second mot qu'Emser a conservé, il est tout simplement stupéfiant. Il a en effet repris, on ne sait pourquoi, le *nur* [« seulement »] que Luther a placé devant

18. Cette observation a été faite par Heinz BLUHM, *Luther Translator of Paul. Studies in Romans and Galatians*, 1984, p. 133sqq.

erkenntnis [« connaissance »]. Autrement dit, Emser a retenu une traduction de toute évidence luthérienne. On est à court d'explication sur ce choix. Peu importe s'il a travaillé aussi vite que Luther ou non, et s'il n'a donc pas même remarqué ce qu'il a repris à son compte, le fait est qu'il a conservé le *nur*. Simple inadvertance ? Ou bien Emser n'était-il après tout pas assez bon théologien pour se rendre compte de ce qu'il commettait ? Est-il possible qu'à cette époque, il ait en fait été d'accord avec Luther ? J'en doute très fort ; toujours est-il que, même si ce choix mérite une explication, le *nur* qui souligne l'accent mis par Luther n'a pas été supprimé. Ce sera chose faite dans la deuxième édition, qui sera publiée par Cochlæus en 1528, soit après le décès d'Emser.[19]

Luther a dû se battre pour empêcher l'impression de la version Emser du Nouveau Testament même après la mort de son adversaire. Ainsi le 23 novembre 1529, Luther fait appel au prince-électeur Jean de Saxe, lui demandant d'écrire au duc Heinrich de Mecklembourg pour que celui-ci fasse interdire la publication, à Rostock, de la version Emser en dialecte saxon. Les démarches de Luther seront couronnées de succès[20].

Il convient de préciser que même s'il trempe sa plume dans le fiel pour évoquer son censeur « catholique », le Réformateur a l'humilité d'accepter les critiques d'Emser lorsqu'elles lui semblent fondées. Ainsi, un *lapsus calami* du traducteur de la Wartburg (« *die liebe, die durch den glawben* » au lieu de « *der glawbe, der durch die liebe thetig ist* » [Galates 5:6]) figurant dans le *Septembertestament* a été corrigé dans l'édition de 1526[21].

19. Heinz BLUHM, *Luther Translator of Paul. Studies in Romans and Galatians*, 1984, p. 136-137 (traduction de la citation par nos soins). Il est à noter que la *TOB* reprend aujourd'hui la traduction de Luther : « Voilà pourquoi personne ne sera justifié devant lui par les œuvres de la loi ; la loi, en effet, *ne* donne *que* la connaissance du péché.
20. cf. WA Br 5, pp. 183-189.
21. cf. WA DtB 6, p. XLVIII.

L'animosité du Réformateur à l'endroit de son censeur de l'Église traditionnelle porte surtout sur des questions de doctrine ; il convient de souligner que Luther ne se bat jamais pour lui-même en tant qu'individu, mais pour ce qu'il considère comme la vérité. Sachant cela, on comprend mieux le sens du mot « *formulation* » dans le passage que voici de sa *Lettre ouverte sur l'art de traduire* :

> Quant aux rares passages où sa version ne suit pas textuellement la mienne, je veux bien souffrir ses rafistolages (quoique je ne les approuve pas tous) : seule la formulation est touchée, ce qui ne me porte pas préjudice. Je n'ai donc jamais eu l'intention de réagir par écrit.[22]

Mais force est de constater qu'en 1531, la colère de Luther contre Emser n'est pas encore retombée, comme il le dit à ses commensaux :

> Je n'aurais jamais cru Emser capable de tant de venin et de méchanceté. Ce que j'apprends maintenant montre qu'il était plus compétent que ne le laissaient penser ses écrits, comme je le constate en lisant sa version du Nouveau Testament : il lui a bien fallu utiliser ma traduction, ce qu'il a d'ailleurs fait. Mais pour ne pas perdre la faveur du duc Georges, il a changé un mot çà et là, n'hésitant pas à aller ainsi contre sa conscience, et à ajouter ses justifications arrogantes. Mais Celui qu'il a aussi bien servi doit bien le rémunérer maintenant.[23]

22. « *Denn was er yn wenig orten geflickt und geendert hat (wie wol mirs nicht alles gefellet) So kan ichs doch wol leiden, unnd schadet mir sonderlich nichts, so viel es den text betrifft, darum ich auch nie da wider hab woellen schreiben* » (WA 30/II, p. 634, 27-30).
23. « *Ich het nimer mehr gemaint, daß Emser so gifftig und bosz gewesen were, als ich itzt erfahre. Er hats besser gewust, denn er geschriben hat, als ich sehe in seinem newen testament, da er von not wegen mein translation musz gebrauchen und auch gebraucht hat ; aber das er hertzog Georgen gunst behalt, hat er bei weilen ein wort wider sein gewissen geendert und sein unnutz geschwetz dabey geschlagen. Aber wem er gedienet hat, der wirt im auch itzunder lonen.* » (WA TR 2, p. 380, n° 2257b).

S'agissant de l'histoire des traductions françaises de la *Lettre ouverte sur l'art de traduire*, qu'on nous pardonne de raconter une anecdote. La traduction que Jean Bosc a signée en 1964[24] a fait de « *der Sudler von Dresden* » un nom propre, « Sudler de Dresde ». C'est ainsi qu'on a pu lire dans un ouvrage d'histoire des théories de la traduction : « [Luther] dénonce le démarquage qu'a fait Sudler de Dresde de la traduction de son Nouveau Testament, et surtout de façon globale il dénonce l'ignorance et l'incapacité des papistes[25]. »

Imitant Pierre Vidal-Naquet, qui conseille[26] de tuer le général Staff, cet « étrange général qui ne possède pas de prénom et dont [la] particularité [est] de n'apparaître que dans des ouvrages traduits de l'anglais ou de l'américain[27] », nous avons, dans la version française que nous proposons dans ce volume, fait un sort à Sudler de Dresde. C'est ainsi que notre lecteur trouvera pour désigner Hieronymus Emser diverses appellations, telles que *écrivailleur, écrivassier, gâte-papier, chieur d'encre, plumitif*, ou *scribouillard*[28].

Johannes Cochlæus (parfois Kochläus)
(10 janvier 1479-11 janvier 1552)

Le nom *Rotzlöffel*, que Martin Luther décoche[29] dans sa *Lettre ouverte sur l'art de traduire* pour désigner celui qui est né Johannes Dobeneck[30], est le produit de deux

24. Labor et Fides, Genève, 1964. Voir *Martin Luther, Œuvres*, [abrégé en MLO], tome VI, p. 187-204.
25. Michel BALLARD, *De Cicéron à Benjamin. Traducteurs, traductions, réflexions*, 1992, p. 141.
26. Pierre VIDAL-NAQUET, *Bévues de traduction – Tuer le général Staff*, in : *Le Monde* du 18 janvier 1974, p. 16, cité par Jean-René LADMIRAL, *Traduire : théorèmes pour la traduction*, [1979] 1994, p. 93-94.
27. *general Staff* signifie *état major général*.
28. Voir Catherine [A.] BOCQUET, *L'art de la traduction selon Martin Luther, ou lorsque le traducteur se fait missionnaire*, 2000, p. 257-258.
29. En le flanquant du titre de docteur.
30. Autres graphies : Dobneck et Dobenek.

transformations successives : d'abord, l'hellénisation et la latinisation non pas du patronyme (Dobeneck), mais du lieu de naissance (la paroisse de Wendelstein, en Franconie). Wendelstein [« pierre en colimaçon »] a donné *Cochlæus*, formé sur le latin *cochlea* [« escargot, spirale »], lui-même dérivé du grec *κοχλίας* [« coquillage en spirale, limaçon »]. Johannes Dobeneck est parfois aussi appelé *Wendelstinus*, une variante latinisée du nom de la paroisse où il a vu le jour. Les humanistes de la Renaissance aimaient former des surnoms à partir d'anthroponymes ou de toponymes pour manifester leur qualité de lettrés ; c'est ainsi que Melanchthon (*μέλας* [*mélas*, « noir »] et *χθών* [*chtōn*, « terre »] est la version hellénisée de Schwartzerdt, Œcolampade[31] (*οἶκος* [*oikos*, « maison »] et *λαμπάς* [*lampas*, « flambeau, lampe »] celle de Hausschein[32], et Calvinus la version latinisée de Cauvin. Le nom Cochlæus a ensuite été altéré par Luther en deux à-peu-près sciemment injurieux, à savoir *Rotzlöffel* [« morveux »] et *Kochlöffel* [cuiller de cuisine][33].

Humaniste, Johannes Cochlæus l'est assurément : on lui doit en particulier l'un des premiers manuels de géographie d'Allemagne[34], ainsi que plusieurs manuels concernant la grammaire, la musique et même la « philosophie de la nature ».

Comme tous les humanistes, Cochlæus est dans un premier temps ouvert aux idées défendues par Luther, notamment à sa critique de certains abus de l'Église ; mais cela ne va pas durer.

31. Variantes : *Œcolampadius* et *Icolampadius*.
32. Autres graphies : Husschyn, Husschin, Heussgen, Hussgen, Huszgen, et Häusgen.
33. Par exemple WA 31/1, 332, 28.
Un détail amusant : les mots français « cuiller » et « cuillère » sont dérivés « du latin *cochlea*, « escargot », [qui] désignait primitivement une spatule destinée à manger les escargots, ainsi que les œufs et les coquillages. (Robert J. COURTINE (dir.), *Larousse gastronomique*, 1984, p. 342)
34. Publié en 1512 et intitulé *Brevis Germaniae descriptio tum a rebus gestis moribusque populorum tum a locorum situ*, cet ouvrage est fondé sur les voyages de l'auteur à travers la Westphalie, le Haut-Palatinat, la Suisse et les Pays-Bas.

Lorsqu'à la mi-avril 1521, Frère Martin est convoqué à comparaître devant le jeune Charles Quint en marge[35] de la Diète de Worms, c'est Johannes Cochlæus qui lui pose les « deux questions très claires, soigneusement préparées selon les indications du nonce[36] » apostolique Jérôme Aléandre : premièrement, est-il l'auteur de tous les écrits publiés sous son nom ? Et deuxièmement, rétractera-t-il les erreurs que Rome y a relevées ?

À l'issue de la Diète de Worms, Cochlæus provoqua Luther en un duel théologique, mais celui-ci lui opposa un refus humiliant, et publia en 1523 le pamphlet *Wider den gewappneten Mann C.* [*Adversus armatum virum Cocleum* ; *Contre C., l'homme en armure*]. Bouillant de haine, Cochlæus publia la même année son *Adversus Cucullatum Minotaurum Wittembergensem, Joh. Dobeneck Wendelstinus, alias Cochlaeus. De sacramentorum gratia*, et en 1529, *Septiceps Lutherus* [*Les Sept Têtes de Martin Luther*], un pamphlet (illustré d'une gravure largement répandue sous la forme d'un tract) dans lequel Luther est représenté comme la Bête à sept têtes de l'Apocalypse.

En 1530, Cochlæus est l'un des auteurs, avec Johann Eck – à qui Luther avait été opposé en 1519 lors de la dispute de Leipzig –, de la *Confutatio augustana*, autrement dit de l'argumentaire rédigé, à la demande de Charles Quint[37],

35. « Luther fut reçu le 17 avril après-midi, non point en séance solennelle de la Diète mais un peu en marge, dans la résidence de l'évêque de Worms. » (Michèle ESCAMILLA, « Le face à face de Worms », 2001, p. 90)

36. Michèle ESCAMILLA (*loc. cit.*, note 94, p. 105) cite la *Crónica del Emperador Carlos V compuesta por Alonso de Santa Cruz, su Cosmógrafo Mayor*, partie II, chap. XLIV : « L'empereur ordonna à Luther de ne point parler de lui-même mais de se contenter de répondre, sans détours ni circonlocutions, par oui ou par non aux questions posées ; on prit en effet cette précaution parce que ce maudit hérétique avait tant d'éloquence et la langue si habile qu'il convertissait à sa secte la plupart de ceux qui l'écoutaient. »

37. Charles Quint a convoqué la Diète d'Augsbourg en 1530 afin de rétablir l'unité religieuse de l'Empire, car il voulait présenter un front chrétien uni contre les Ottomans. « Il convie les princes des

pour réfuter la *Confessio augustana* présentée par Philipp Melanchthon et signée[38] du nom de tous les princes luthériens et de deux villes d'Empire, Nuremberg et Reutlingen.

Le féroce polémiste anti-luthérien resta virulent[39] au-delà de la mort du Réformateur, et marqua de son empreinte l'historiographie catholique.

Viennent ensuite les collègues de Luther traducteur, que le Réformateur désigne par le générique *die Gehülffen*[40]. Il s'agit tout d'abord de :

Philipp Melanchthon
(16 février 1497-19 avril 1560)

Né à Bretten (Palatinat) sous le nom de Philipp Schwartzerdt, ce fils d'un armurier du prince électeur étudia très tôt le latin, d'abord avec un précepteur, puis après la mort de son père en 1508, au collège de Pforzheim. Élève brillant en grec et en latin, il fut vivement encouragé dans ses études par son grand-oncle Johannes Reuchlin[41], lequel hellénisa son patronyme de naissance en Melanchthon [Schwartzerd signifie « terre noire »]. Il fut immatriculé à l'université de Heidelberg

deux confessions à présenter leur profession de foi ainsi que les abus de l'Église à réformer. Les États d'Empire catholiques s'y refusent, convaincus de leur fidélité à l'Église catholique [...]. Devant le refus des princes catholiques de présenter eux-mêmes leur profession de foi, Charles Quint confie alors à des théologiens catholiques la rédaction d'un argumentaire, destiné à réfuter les articles de foi luthériens. » (Marie-Noëlle FAURE, *Luther et la Réforme*, 2016, p.102-103).

38. Les autres protestants présentent à Charles Quint la *Confessio Tetrapolitana*, car les quatre villes que sont Constance, Strasbourg, Memmingen et Lindau n'acceptent pas ce que dit de l'Eucharistie la *Confessio augustana*.
39. Cf. p. ex. son *Commentaria de actis et scriptis Martini Lutheri, Martin Luther, das ist kurze Beschreibung seiner Handlungen und Inschriften der Zeit nach vom 1517. bis auf das 1546. Jahr seines Ableibens*
40. cf. WA 30/II, p. 636, 18-19.
41. humaniste et hébraïsant (22. 2. 1455 – 30. 6. 1522).

en 1509 et obtint en 1511 le *Baccalaureus artium in via antiqua [baccalauréat ès lettres classiques]*. En 1514, il fut reçu maître ès arts de l'université de Tübingen. C'est durant ses études à Tübingen qu'il fit la connaissance notamment de Johannes Œcolampade [Johannes Hausschein, 1482-1531]. En 1518 (il n'avait que vingt-et-un ans) il fut appelé à l'université de Wittemberg[42] pour y occuper la chaire de grec que venait d'y créer le prince-électeur de Saxe, Frédéric le Sage. Dans sa leçon inaugurale (donnée le 29 août 1518), il a souligné l'importance de l'étude des langues qui permettent d'accéder à l'Écriture sainte et à Jésus-Christ[43] et présenté une ébauche de réforme de l'Université[44]. Cette réflexion sur les écoles et les universités lui vaudra auprès de la population allemande le désignatif de *praeceptor Germaniae*[45].

Melanchthon et Luther ne tardent pas à se lier d'amitié, et le jeune titulaire de la chaire de grec devient le « bras droit de Luther[46] ». En juin 1519 déjà, Melanchthon assiste Luther lors de la dispute de Leipzig[47] contre Johannes Eck, qui est professeur à Ingoldstadt et qui convaincra Luther d'hérésie hussite. En 1521, Melanchthon rédige « le premier exposé synthétique de la doctrine de la Réforme, les *Loci communes rerum theologicarum* »[48], un ouvrage qu'il a remanié plusieurs fois par la suite[49]. C'est Melanchthon qui encouragea Luther à entreprendre la traduction de la Bible en allemand, et c'est lui

42. Il avait été recommandé par Érasme en personne (cf. WA DtB 6, p. LXXIX).
43. *Cf.* WA DtB 6, p. LXXIX.
44. Christiane FRÖHLICH, « Diplomat der Reformation », 2016, p. 64.
45. *Cf.* Reinhard DITHMAR (éd.), *Martin Luthers Fabeln und Sprichwörter*, [1989] 1995, p. 12.
46. Marc LIENHARD, *Martin Luther, un temps, une vie, un message*, 1983, p. 36.
47. Christiane FRÖHLICH, « Diplomat der Reformation », 2016, p. 64.
48. Michel MOURRE, *Dictionnaire d'histoire universelle*, 1968, t. II, p. 1355.
49. en 1533, en 1543 et en 1559 (cf. Robert STUPPERICH, article MELANCHTHON, PHILIPP, in : Pierre GISEL (dir.), *Encyclopédie du protestantisme*, 1995, p. 959 b).

que Luther consultera à son retour de son exil studieux à la Wartburg pour réviser sa traduction du Nouveau Testament avant de la confier aux imprimeurs. La proximité intellectuelle des deux hommes se traduit par une profonde affection, affection dont les lettres de Luther portent témoignage[50].

En 1530, devant la Diète d'Augsbourg, c'est ce grand helléniste et théologien[51] qui sera le principal rédacteur de la *Confession d'Augsbourg* [*Confessio Augustana*], puisque Luther est bloqué à Cobourg, faute de pouvoir quitter le territoire de son protecteur Frédéric de Saxe pour participer en personne aux débats. Melanchthon déploiera des trésors de diplomatie pour tenter d'éviter la rupture entre l'Église traditionnelle et les partisans de Luther ; son contradicteur est une nouvelle fois Johannes Eck, le plus acharné adversaire de la Réforme[52].

Dans la *Lettre ouverte sur l'art de traduire*, Philipp Melanchthon est désigné par *Magister* [maître]. Comment se fait-il qu'un intellectuel aussi brillant ne porte pas le titre de *docteur* ? A-t-il subi les conséquences de la « disgrâce » qui avait frappé l'université de sa ville d'adoption entre 1520 et 1533 ? Le passage suivant semble constituer un indice allant dans ce sens :

> L'activité de la Faculté de théologie de Wittemberg avait quelque peu souffert des luttes qu'avait entraînées à partir de 1520 le conflit avec Rome et des nombreux problèmes qu'avait posés l'organisation des Églises évangéliques. [...] Depuis 1525, aucune promotion au titre de docteur n'était intervenue. [...]
>
> Les choses changèrent avec les nouveaux statuts attribués à la Faculté en 1533. Les vieux grades universitaires devaient

50. Dans sa lettre du 24 avril 1530 par exemple (WA Br 5, p. 285), Luther écrit « *charissime Philippe* ».
51. « *Theologisch steht Melanchthon Luther in nichts nach.* » [Melanchthon est aussi expert en théologie que Luther.] (Christiane FRÖHLICH, « Diplomat der Reformation », 2016, p. 64).
52. *Cf.* Christiane FRÖHLICH, « Diplomat der Reformation », 2016, p. 64-65.

> être rétablis, mais au lieu de faire des cours sur les *Sentences* de Pierre Lombard, il fallait expliquer les livres bibliques. Le grade de docteur ne pouvait être conféré qu'après six ans d'études de l'Écriture sainte. [...] Chaque membre du corps enseignant était tenu de commenter avant tout les livres bibliques, aussi bien de l'Ancien Testament que du Nouveau Testament.[53]

Autre indice : une page plus loin, Marc Lienhard dit que Melanchthon a formulé certaines des thèses que les candidats au doctorat avaient à défendre précisément pour obtenir ce grade universitaire. Est-ce à dire que, même dépourvu du titre formel de docteur, son dossier académique avait été jugé équivalent ? Toujours est-il qu'en 2016, un magazine d'histoire confère à Melanchthon le titre de professeur[54].

L'autre collègue que Luther cite nommément dans sa *Lettre ouverte sur l'art de traduire* est :

Matthäus Aurogallus
(vers 1490-11 novembre 1543)

Natif de Bohême, Matthäus Aurogallus [Goldhahn] est arrivé à Wittemberg en 1519 ; il y est devenu professeur d'hébreu à l'université sur la recommandation de Luther et de Melanchthon ; on lui doit notamment un *Compendium Grammaticas hebraecae & chaldaecae* et un *Librum de hebraeis urbium, regionum, populorum, fluminum, montium & aliorum locorum nominibus, e veteri instrumento congestum* ; il est mort le 11 novembre 1543 à Wittemberg[55].

53. Marc LIENHARD, *Martin Luther, un temps, une vie, un message*, 1983, p. 283.
54. Christiane FRÖHLICH, « Diplomat der Reformation », 2016, p. 64.
55. d'après Christian Gottlieb JÖCHER, *Allgemeines Gelehrten-LEXICON*. 1750, p. 666. cf. aussi Karl Heinz ZUR MÜHLEN, « Luthers Bibelübersetzung als Gemeinschaftswerk », 1978, p. 92.

saint Ambroise (Ambroise de Milan)
(339-4 avril 397)

Ce Romain est né chrétien ; évêque de Milan de 374 à 397, il a combattu l'arianisme. C'est par l'éloquence d'Ambroise qu'Augustin a été convaincu du bien-fondé de la foi chrétienne.

> Sa politique religieuse achève la christianisation des institutions impériales romaines commencées au début du IVe siècle par Constantin.[56]

Ambroise doit beaucoup à ses collègues grecs (Basile de Césarée, Grégoire de Nazianze, Grégoire de Nysse), qui lui ont fait découvrir Philon d'Alexandrie et Origène.

> Ambroise n'a joué dans l'histoire de la pensée qu'un rôle intermédiaire : il a transmis à Augustin et au Moyen Âge, sous une forme anonyme, de nombreux textes de Philon, d'Origène et des Pères grecs.[57]

saint Augustin (Aurelius Augustinus)
(13 novembre 354 – 28 août 430)

Né citoyen romain d'un père païen et d'une mère chrétienne, Augustin s'est converti au christianisme à l'âge de trente-deux ans.

> La scène [de sa conversion] est bien connue : une voix, entendue dans le jardin de sa maison, *Tolle, lege*, lui intime l'ordre de suivre l'enseignement des épîtres de Paul[58].

56. P. HADOT, article AMBROISE DE MILAN, in : *Encyclopaedia Universalis*, (1968) 1972, vol. 1, p. 839 c.
57. P. HADOT, article AMBROISE DE MILAN, in : *Encyclopaedia Universalis*, (1968) 1972, vol. 1, p. 840 c.
58. M. MESLIN, article AUGUSTIN (SAINT), in : *Encyclopaedia Universalis*, (1968) 1970, vol. 2, p. 797 a.

Par la suite, Augustin deviendra évêque d'Hippone (la deuxième ville d'Afrique) et mènera une vie monastique.

> L'histoire spirituelle d'Augustin est celle d'un cœur qui se cherche et qui ne se possède pas tant qu'il ne possède que lui-même. Il a dit un jour ce mot admirable : « C'est en me connaissant que je connais mon Dieu. » Mais il n'a jamais reculé devant l'équivalence profonde de cette affirmation : « Ce n'est qu'en connaissant Dieu qu'on se connaît soi-même. »[59]

Les théories augustiniennes influenceront par la suite la lecture que Luther, Calvin et Zwingli feront de l'enseignement de l'apôtre Paul[60].

Il y a entre Augustin et Luther un certain nombre de points communs, dont nous allons tenter de dresser une liste. Comme le Réformateur de Wittemberg, l'évêque d'Hippone « sait la Bible par cœur, comme l'attestent les récentes études sur l'emploi qu'il fait des citations scripturaires à l'appui de sa théologie[61]. »

Comme Augustin, Luther laissera une œuvre immense ; comme l'évêque d'Hippone, le Réformateur de Wittemberg laissera des écrits théologiques qui ne sont pas des traités destinés à former des théologiens.

> Il est évident que c'est l'événement qui, la plupart du temps, a inspiré à Augustin le désir de rédiger tel traité : sa théologie est souvent occasionnelle. C'est là un trait profond de son caractère que cette hâte à rédiger une réfutation, à prendre parti.[62]

59. Pierre MAURY, *Trois histoires spirituelles*, [1931] 1962, p. 32.
60. d'après M. MESLIN, article AUGUSTINISME, in : *Encyclopaedia Universalis*, (1968) 1970, vol. 2, p. 802 a.
61. M. MESLIN, article AUGUSTIN (SAINT), in : *Encyclopaedia Universalis*, (1968) 1970, vol. 2, p. 798 a.
62. M. MESLIN, *ibid.*

De même que Luther jouera un rôle déterminant pour l'unification de la langue allemande, Augustin a forgé une langue :

> Il a su conserver fidèlement les leçons de la tradition antique et user d'une langue nerveuse, vivante, comprise de ses lecteurs et de ses ouailles, adaptant à la psychologie et à la sensibilité des foules les termes techniques que le christianisme avait reçus du grec et de l'hébreu. Il est le père du latin ecclésiastique, outil merveilleux et unique de toute la culture philosophique du Moyen Âge et de la Renaissance.[63]

De même qu'Augustin a combattu les pélagiens sur la thématique de la liberté de l'homme, Luther s'opposera farouchement à Érasme sur la question du libre arbitre.

> Tous [les réformateurs] se réclament d'Augustin, qu'ils placent au premier rang des maîtres, et dont ils admirent la sensibilité au péril pélagien, qui veut minimiser le péché et donner à l'homme une place trop grande dans l'édification de son salut.[64]

Les réformateurs ont redécouvert le paulinisme et les Pères de l'Église, et surtout saint Augustin[65]. Rien d'étonnant donc à ce que Luther cite ce Père de l'Église à l'appui de ses réflexions sur la justification par la foi :

> Au début de la Réforme, la quasi-totalité des représentants de la « nouvelle foi » se fondait sur l'autorité d'Augustin pour prouver que leur théologie en général et surtout leur interprétation de Paul et de la doctrine de la justification s'enracinait dans la vieille tradition encore authentique des Pères de l'Église. [...]

63. M. MESLIN, article AUGUSTIN (SAINT), in : *Encyclopaedia Universalis*, (1968) 1970, vol. 2, p. 798 b-c.
64. M. MESLIN, article AUGUSTINISME, in : *Encyclopaedia Universalis*, (1968) 1970, vol. 2, p. 802 a.
65. *Cf.* Bernard HORT, article GRÂCE, in : Pierre GISEL (dir.), *Encyclopédie du protestantisme*, 1995, p. 634 b.

Cependant une véritable querelle au sujet de l'autorité d'Augustin [comme celle, intra-catholique, qui a opposé les molinistes et les jansénistes] est impossible au sein du protestantisme, car les Pères de l'Église ne sont reconnus que dans la mesure où ils se conforment à l'Écriture.[66]

Et enfin, *last but not least*, Luther lui-même :

Martin Luther
(10 novembre 1483-18 février 1546)

Lorsqu'entre 1513 et 1518, un moine au zèle exalté nommé Martin Luther parvint, au terme d'un long cheminement parfois douloureux (et non pas dans une sorte de brusque illumination souvent appelée la « découverte de la tour » [*Turmerlebnis*]), à sa lecture libératrice de l'épître aux Romains, il a eu l'impression de renaître et s'est senti « enfin devenu lui-même, c'est-à-dire délivré de tout souci personnel et entièrement consacré à la tâche qui lui est désormais confiée : faire connaître au monde entier la source de sa joie de vivre[67]. »

La découverte selon laquelle « Dieu déclare juste l'homme uni au Christ[68] » fait de Luther

> […] un héraut de la Parole. Enseigner cette Parole, telle que le Seigneur la lui faisait connaître et le contraignait à la manifester : telle était sa mission sur terre ; sa seule et unique mission.[69]

66. Alfred SCHINDLER, article AUGUSTINISME, in : P. GISEL (dir.), op. cit., p. 66 a.
67. G. CASALIS, article LUTHER (MARTIN), in : *Encyclopaedia Universalis*, (1968) 1974, vol. 10, p. 183 a.
68. Marc LIENHARD, *Martin Luther, un temps, une vie, un message*, 1983, p. 392.
69. Lucien FEBVRE, *Martin Luther, un destin*, [1928] 1995, p. 155, qui voit là une cause du désengagement politique de Luther (doctrine des deux règnes).

Il convient de rappeler avec force que Martin Luther n'a pas cherché à provoquer un schisme au sein de l'Église[70] ; son objectif en 1517, en faisant connaître ses quatre-vingt-quinze thèses (en latin) contre les indulgences, était de persuader le pape Léon X de réformer l'ensemble de cette institution pluriséculaire. Cependant, le mouvement a été lancé malgré Luther, du fait de l'initiative de plusieurs imprimeurs, qui s'étaient empressés de publier et de diffuser largement une version allemande des quatre-vingt-quinze thèses du 31 octobre 1517.

Une fois que la rupture a été consommée entre l'Église traditionnelle et Luther, on voit le théologien de Wittemberg faire preuve d'un indéniable courage. Ainsi, devant la Diète impériale et devant le jeune Charles Quint, le 18 avril 1521, soit quelques mois après son excommunication (le 3 janvier 1521),

> Luther prononce les mots qui sont peut-être les plus décisifs de toute sa carrière réformatrice. [Sommé par Johannes Eck (1486-1543) de répondre sans détours,] Luther improvise alors en latin cette brève tirade, dont la force rhétorique et dramatique [est telle qu'elle figure] dans toutes les anthologies : « [...] à moins qu'on ne me convainque par les témoignages des Écritures ou par une raison évidente [...], je suis vaincu par les Écritures que j'ai citées et, ma conscience étant captive des paroles de Dieu, je ne puis ni ne veux rétracter quoi que ce soit, car agir contre sa conscience n'est ni sûr, ni honnête. *Ich kan nicht anderst, hie stehe ich, Got helff mir* [je ne puis faire autrement, c'est ma position, que Dieu me soit en aide]. Amen. »[71]

70. *Cf.* Astrid BLOME et Cornelia SCHNEIDER, « Vom Aufstieg eines Medienstars », 2016, p. 40.
71. Michel GRANDJEAN, *La Réforme. Matin du monde moderne*, 2016, p. 24 et 26.
« À Worms, Luther avait attiré l'attention du monde sur la conscience et sur la valeur de la personne face aux institutions. Les conséquences de son geste allaient entraîner de profondes mutations dans l'histoire

Ce courage peut aussi, le cas échéant, être un courage physique, comme le dit Luther dans un écrit contre Emser :

> Dans la mesure où il ne s'agit pas de ma doctrine, mais de ma personne, je ne veux pas combattre durement. Je l'ai dit à plusieurs reprises : qu'on touche à ma personne tant qu'on veut et comme on veut, je ne prétends pas être un ange… Mais pour ce qui est de ma doctrine, puisque je sais qu'elle n'est pas mienne, mais de Dieu, je ne permettrai pas qu'on y touche, mais je répondrai, car il y va du salut de mon prochain et du mien et de la louange et gloire de Dieu » (WA 7, 275, 1sqq)[72]

Cette manière de s'engager corps et âme dans ce qu'il fait se retrouve dans sa manière de pratiquer la traduction, et au XXe siècle, un traductologue a décerné à Luther le titre de « grand traducteur » en définissant cette qualité en ces termes :

> [Le] grand traducteur […] se définit par le règne en lui de la *pulsion traduisante*, laquelle n'est pas le simple désir de traduire. Tout traducteur désire traduire (en principe !). Mais ce désir, en lui, se conjugue à son envers, le désir de ne pas traduire, ou plus précisément, le recul devant l'acte de traduire. On peut très bien repérer, dans une traduction, les reculs d'un traducteur. Mais chez celui qu'habite la pulsion traduisante, ce recul se réduit à son minimum : Luther, Amyot, Schlegel, Armand Robin sont des exemples lumineux d'individus dominés par la pulsion de traduire.[73]

À ce recul devant l'acte de traduire, qui se manifeste à notre sens par le recours au transcodage, correspond

de l'Europe. Dans la construction de la modernité, il y a bien un avant et un après le discours du 18 avril 1521. » (*id.*, *ibid.*, p. 34)

72. Marc LIENHARD, *Martin Luther, un temps, une vie, un message*, 1983, p. 309.
73. Antoine BERMAN, « La retraduction comme espace de la traduction », 1990, p. 6.

peut-être la métaphore du tireur qui manque sa cible. À l'inverse et selon la théorie curieuse énoncée dans un roman récent,

> les meilleurs [tireurs d'élite] opéreraient une sorte de dédoublement, au moment du tir, ils seraient à la fois le tireur et la cible, ici et là-bas, d'où leur extrême précision, que ne peut expliquer la seule acuité du regard...[74]

74. Daniel PENNAC, *La petite marchande de prose*, (1989) 1996, p. 329.

Bibliographie

Œuvres de Martin Luther :

L'édition dite de Weimar *(Weimarer Ausgabe)*, commencée en 1883 et achevée en 2009, fait autorité. Elle se divise en quatre sections, à savoir :

- *Werke* (Œuvres), traditionnellement citée par l'abréviation WA.
- *Deutsche Bibel* (traduction allemande de la Bible) : WA DtB
- *Tischreden* (Propos de table) : WA TR
- *Briefwechsel* (Correspondance) : WA Br

DE WETTE, Wilhelm Martin Leberecht (Hg.), *Dr. Martin Luthers Briefe, Sendschreiben und Bedenken*, G. Neymer, Berlin, 1825-1828 (5 volumes).

DITHMAR, Reinhard (Hg.), *Martin Luthers Fabeln und Sprichwörter*, mit Einleitung und Kommentar herausgegeben von Reinhard Dithmar, (erste Auflage : Insel Verlag, (Insel Taschenbuch 1094), Frankfurt am Main,

1989), 2., korr. Aufl., Wissenschaftliche Buchgesellschaft, Darmstadt, 1995

THIELE, Ernst (Hg.), *Luthers Sprichwörtersammlung*. Nach seiner Handschrift zum ersten Male herausgegeben und mit Anmerkungen versehen von Ernst Thiele, Hermann Böhlaus Nachfolger, Weimar, 1900

Écrits de Martin Luther sur la traduction :

Lettre du 12 septembre 1530, envoyée par Martin Luther de la forteresse de Cobourg à son ami Wenczeslaus Linck : WA Br 5, p. 620-621 et Wilhelm Martin Leberecht DE WETTE, (Hg.), *Dr. Martin Luthers Briefe, Sendschreiben und Bedenken*, G. Neymer, Berlin, 1825-1828 (5 volumes)

Diverses éditions du *Sendbrieff von Dolmetschen vnd Fürbitte der Heiligen* :

- *Sendbrief vom Dolmetschen und drei andere Schriften weltlichen Inhalts von Martin LUTHER.* Mit Einleitungen und Anmerkungen herausgegeben von Dr. Rudolf Lehmann, Druck und Verlag Philipp Reclam jun., Leipzig, 1887, p. 9-23
- WA 30/II, p. 632-646, Hermann Böhlaus Nachfolger, Weimar, 1909
- *Sendbrief vom Dolmetschen [Ein sendbrieff D. M. Lutthers. Von Dolmetzschen vund Fürbit der heiligenn // Ein Sendbrieff von Dolmetschen vnd Fürbitte der Heiligen],* herausgegeben von Karl Bischoff (erste Auflage 1951), 2. unveränderte Auflage, Max Niemeyer Verlag, Tübingen, 1965
- *Sendbrief vom Dolmetschen,* in : Martin LUTHER, *An den christlichen Adel deutscher Nation ; Von der Freiheit eines Christenmenschen ; Sendbrief vom Dolmetschen*, mit einer kurzen Biographie und einem Nachwort herausgegeben von Ernst Kähler, Philipp Reclam jun., Stuttgart, (1962) 1995, p. 151-173.

Summarien über die Psalmen und Ursachen des Dolmetschens. Le texte complet figure dans *Martin Luthers Werke. Kritische Gesamtausgabe*, Hermann Böhlaus Nachfolger, Weimar, 1912 (*Weimarer Ausgabe* [= WA], volume 38, p. 9-69, *speciatim* p. 9 à 17.

Autres références :

ADELUNG, Johann Christoph [lettres A-J] / ROTERMUND, Heinrich Wilhelm [lettres K-Z], *Fortsetzung und Ergänzungen zu Christian Gottlieb JOECHERs allgemeinem Gelehrten-Lexikon, worin die Schriftsteller aller Stände nach ihren vornehmsten Lebensumständen und Schriften beschrieben werden*, Georg Olms Verlagsbuchhandlung, Hildesheim, 1961.

BALLARD Michel, *De Cicéron à Benjamin. Traducteurs, traductions, réflexions*, coll. « étude de la traduction », Presses universitaires de Lille, Lille, 1992.

BARBIER Frédéric, « La Réforme luthérienne et les livres », in : Jean-Marie Valentin (dir.), *Luther et la Réforme. Du Commentaire de l'*Épître aux Romains *à la* Messe allemande, Éditions Desjonquères, collection « La mesure des choses », Paris, 2001, p. 315-325.

BENZING Josef, *Lutherbibliographie. Verzeichnis der gedruckten Schriften Martin Luthers bis zu dessen Tod*, bearbeitet in Verbindung mit der Weimarer Ausgabe unter Mitarbeit von Helmut Claus, Verlag Librairie Heitz GmbH, Baden-Baden, 1966.

BERGER Jean-François, « Les zones d'ombre de Martin Luther », in : *La Vie protestante*, Genève, septembre 2016, p. 16.

BERLIOZ Jacques, « À table avec Luther »,, in : *Les collections de L'HISTOIRE*, n° 75, hors-série *Luther. 1517, le grand schisme*, avril-juin 2017, p. 28.

BERMAN Antoine, « La retraduction comme espace de la traduction », in : *Palimpsestes*, n° 4 (*Retraduire*), Publications de la Sorbonne nouvelle, Paris, 1990.

BLOME Astrid / SCHNEIDER Cornelia, « Vom Aufstieg eines Medienstars », in : *Luther. Die Revolution des Glaubens*, DIE ZEIT Geschichte Nr. 5/2016, Hamburg, 2016, p. 38-45.

BLUHM Heinz, *Martin Luther : Creative Translator*, Concordia Publishing House, Saint-Louis, Missouri, 1965.

BLUHM Heinz, *Luther Translator of Paul. Studies in Romans and Galatians*, Peter Lang, New York, Bern, Frankfurt am Main, 1984.

BOCQUET Catherine [A.], *L'art de la traduction selon Martin Luther, ou lorsque le traducteur se fait missionnaire*, Artois Presses Université, collection « Traductologie », Arras, 2000.

BRECHT Martin, *Luther als Schriftsteller. Zeugnisse seines dichterischen Gestaltens*, Calwer Verlag, coll. « calwer taschenbibliothek » (ctb), Stuttgart, 1990.

CARY Edmond, *Les grands traducteurs français*, Librairie de l'Université Georg, Genève, 1963.

DEJEUMONT Catherine, « Le *Septembertestament* (1522). Martin Luther et la langue allemande », in : Jean-Marie Valentin (dir.), *Luther et la Réforme. Du Commentaire de l'*Épître aux Romains *à la* Messe allemande, Éditions Desjonquères, collection « La mesure des choses », Paris, 2001, p. 169-187.

DELISLE Jean / WOODSWORTH Judith (codirecteurs), *Les traducteurs dans l'histoire*, Presses de l'Université d'Ottawa / éditions UNESCO, coll. « Pédagogie de la traduction », 1995.

ESCAMILLA Michèle, « Le face à face de Worms. La place de la Réforme dans la trajectoire spirituelle de Charles Quint », in : Jean-Marie Valentin (dir.), *Luther et la Réforme. Du Commentaire de l'*Épître aux Romains *à*

la Messe allemande, éd. Desjonquères, coll. « La mesure des choses », Paris, 2001, p. 51-108.

ESTIENNE Henri, *Apologie pour Hérodote. [Satire de la Société au* XVIe *siècle]*, nouvelle édition, faite sur la première et augmentée de remarques par P. Ristelhuber, tome I, Isidore Liseux éditeur [1566] Paris, 1879.

FAURE Marie-Noëlle, *Luther et la Réforme. 500e anniversaire. Les événements, les repères historiques, l'Allemagne contemporaine,* Studyrama, Levallois-Perret, 2016.

FEBVRE Lucien, *Martin Luther, un destin*, (1928), Presses universitaires de France, coll. « Quadrige », Paris, 1995.

FRICKE Klaus Dietrich, « « Dem Volk aufs Maul schauen ». Bemerkungen zu Luthers Verdeutschungsgrundsätzen », in : Siegfried MEURER (Hg.) *Eine Bibel – viele Übersetzungen. Not oder Notwendigkeit ?,* Evangelisches Bibelwerk, Deutsche Bibelstiftung, Stuttgart, 1978, p. 98-110.

FRÖHLICH Christiane, « Diplomat der Reformation », in : *Luther. Die Revolution des Glaubens,* DIE ZEIT Geschichte Nr. 5/2016, Hamburg, 2016, p. 64-65.

GASSE Jean-Louis, « Les deux versions, latine et allemande, du traité *De la liberté du chrétien* », in : Jean-Marie Valentin (dir.), *Luther et la Réforme. Du Commentaire de l'*Épître aux Romains *à la* Messe allemande, Éditions Desjonquères, collection « La mesure des choses », Paris, 2001, p. 421-433.

GISEL Pierre (dir.), *Encyclopédie du protestantisme*, éditions du Cerf, Paris/éditions Labor et Fides, Genève, 1995.

GRANDJEAN Michel, *La Réforme. Matin du monde moderne*, éditions Cabédita, collection « Parole en liberté », Bière, 2016.

GRANDJEAN Michel, « Pourquoi a-t-il réussi (là où Hus a échoué) ? », in : *Les collections de L'HISTOIRE*, n° 75, hors-série *Luther. 1517, le grand schisme*, avril-juin 2017, p. 66-68.

JOECHER Christian Gottlieb, *Allgemeines Gelehrten-LEXICON. Darinne die Gelehrten aller Stände sowohl*

männ- als weiblichen Geschlechts, welche vom Anfange der Welt bis auf ietzige Zeit gelebt, und sich der gelehrten Welt bekannt gemacht, nach ihrer Geburt, Leben, merckwürdigen Geschichten, Absterben und Schrifften aus den glaubwürdigsten Scribenten in alphabetischer Ordnung beschrieben werden, Johann Friedrich Gleditschens Buchhandlung, Leipzig, 1750.

JUVÉNAL, *Satires*. Texte établi et traduit par Pierre de Labriolle et François Villeneuve. Douzième tirage revu, corrigé et augmenté par J. Gérard, Les Belles Lettres, Paris, 1983 ; Introduction, p. XI-XVI, et p. XXVI-XXXII ; présentation de la Satire VI, p. 56-58 ; texte latin et traduction française du passage cité par Luther, p. 66-67.

KAENNEL Lucie, *Luther était-il antisémite ?*, Labor et Fides, Genève, 1997.

KARANT-NUNN Susan, « Une femme et six enfants », in : Les collections de L'HISTOIRE, n° 75, hors-série *Luther. 1517, le grand schisme*, p. 24-26.

KAUFMANN Thomas, « Les "95 thèses" : le séisme de 1517 », in : *Les collections de L'HISTOIRE*, n° 75, hors-série *Luther. 1517, le grand schisme*, avril-juin 2017, p. 38-46.

KAUFMANN Thomas, *Les Juifs de Luther*, trad. de l'allemand par Jean-Marc Tétaz, éd. Labor et Fides, Genève, 2017.

KÖPF Ulrich, « Hieronymus als Bibelübersetzer », in : Siegfried MEURER (Hg.) *Eine Bibel – viele Übersetzungen. Not oder Notwendigkeit ?*, 1978, p. 71-89.

LADMIRAL Jean-René, *Traduire : théorèmes pour la traduction*, (1re éd. en 1979 dans la Petite Bibliothèque Payot, n° 366), 2e édition, Gallimard, collection « tel », Paris, 1994.

LADMIRAL Jean-René, *Sourcier ou cibliste*, Les Belles Lettres, collection « Traductologiques », Paris, 2014.

Le Nouveau Testament, traduit d'après le texte grec par Louis SEGOND, La Maison de la Bible, Genève / Paris / Marseille / Casablanca, 1964.

LEDERER Marianne, *La traduction aujourd'hui. Le modèle interprétatif*, Hachette, coll. « F/références », Paris, 1994.

LIENHARD Marc, *Martin Luther, un temps, une vie, un message*, Le Centurion, Paris/Labor et Fides, Genève, 1983.

LIENHARD Marc, *Luther. Ses sources, sa pensée, sa place dans l'histoire*, Labor et Fides, Genève, 2016.

LIPPERHEIDE Franz Freiherr von, *Spruchwörterbuch.* Sammlung deutscher und fremder Sinnsprüche, Wahlsprüche, Inschriften an Haus und Gerät, Grabsprüche, Sprichwörter, Aphorismen, Epigramme, von Bibelstellen, Liederanfängen, von Zitaten aus älteren und neueren Klassikern, sowie aus den Werken moderner Schriftsteller, von Schnaderhüpfln, Wetter- und Bauernregeln, Redensarten usw., nach den Leitworten, sowie geschichtlich geordnet und unter Mitwirkung deutscher Gelehrter und Schriftsteller herausgegeben von Franz Freiherrn von Lipperheide, 4. unveränderter Abdruck nach der Originalausgabe Berlin 1907, Haude & Spenersche Verlagsbuchhandlung, Berlin, 1962

MARGOLIN Jean-Claude, « Érasme et Luther ? Érasme ou Luther ? Une problématique toujours ouverte », in : Jean-Marie Valentin (dir.), *Luther et la Réforme. Du Commentaire de l'*Épître aux Romains *à la* Messe allemande, Éditions Desjonquères, Paris, collection « La mesure des choses », 2001, p. 207-228.

MARGOT Jean-Claude, *Traduire sans trahir. La théorie de la traduction et son application aux textes bibliques,* L'Age d'homme, Lausanne, [1979] 1990.

MAURY Pierre, *Trois histoires spirituelles. Saint Augustin – Luther – Pascal*, éditions Labor et Fides, Genève, [1931] 1962.

MEURER Siegfried (Hg.), *Eine Bibel – viele Übersetzungen. Not oder Notwendigkeit ?*, Evangelisches Bibelwerk, Deutsche Bibelstiftung, Stuttgart, 1978.

MIEDER Wolfgang (Hg.), *Die biblischen Sprichwörter der deutschen Sprache*, Peter Lang, 1987.

MOURRE Michel, *Dictionnaire d'histoire universelle* (en 2 tomes), éditions universitaires, Paris, 1968.

NIDA Eugene Albert, *Comment traduire la Bible* trad. de l'anglais par J.-Cl. Margot, Alliance biblique universelle / Delachaux et Niestlé, Neuchâtel, 1967.

PENNAC Daniel, *La petite marchande de prose*, roman, Gallimard, collection « Folio », Paris, [1989], 1996.

RAEDER Siegfried, « Voraussetzungen und Methode von Luthers Bibelübersetzung », in : *Geist und Geschichte der Reformation.* Festgabe Hanns Rückert zum 65. Geburtstag dargebracht von Freunden, Kollegen und Schülern, Walter De Gruyter & Co, Berlin, 1966. p. 152-178.

RAT, Maurice, *Dictionnaire des locutions françaises*, Librairie Larousse, Paris, 1957.

REINACH, Salomon, *Eulalie ou le grec sans larmes*, Hachette, Paris, 1911 ; rééd. L'Harmattan, coll. « Les introuvables », Paris, 1995.

REISS Katharina, *Möglichkeiten und Grenzen der Übersetzungskritik. Kategorien und Kriterien für eine sachgerechte Beurteilung von Übersetzungen*, Max Heber Verlag, Hueber Hochschulreihe Nr. 12, Munich 1971. Version française : *La critique des traductions, ses possibilités et ses limites. Catégories et critères pour une évaluation pertinente des traductions*, traduit de l'allemand par Catherine [A.] Bocquet, Artois Presses Université, collection « Traductologie », Arras, 2002.

RENAN Ernest, *Nouvelles études d'histoire religieuse*, Calmann Lévy, Paris, 1884.

ROUSSEL Bernard, « Le *Septembertestament* (1522). Luther et la tradition interprétative », in : Jean-Marie

Valentin (dir.), *Luther et la Réforme. Du Commentaire de l'*Épître aux Romains *à la* Messe allemande, Éditions Desjonquères, collection « La mesure des choses », Paris, 2001, p. 189-206.

SAINT JÉRÔME, *À Pammacchius. La meilleure méthode de traduction.* (édition bilingue latin/français) in : *Lettres*, tome III. Texte établi et traduit par Jérôme Labourt, Les Belles Lettres, Paris, 1953, p. 55-73.

SAVY Pierre, « Était-il antisémite ? », in : *Les collections de L'HISTOIRE*, n° 75, hors-série *Luther. 1517, le grand schisme*, avril-juin 2017, p. 30-33.

SCHEIB Asta, *Kinder des Ungehorsams. Die Liebesgeschichte des Martin Luther und der Katharina von Bora*, roman, dtv, Munich, [1985] 1996.

SCHULZE, Carl, *Die biblischen Sprichwörter der deutschen Sprache* (1860), herausgegeben und eingeleitet von Wolfgang MIEDER (Sprichwörterforschung Band 8), Peter Lang, Bern/Frankfurt am Main/New York/Paris, 1987.

STAUFFER Richard, *La Réforme*, Presses universitaires de France, collection « Que sais-je ? », Paris, [1970] 1988.

STEINER Robert, « Die Lutherbibel und ihre Revision », in : *BABEL, Revue Internationale de la Traduction*, Berlin, 1961, p. 68-84.

TIRKKONEN-CONDIT Sonja, « Translationese – a myth or an empirical fact ? », in : *Target* 14:2, 2002, p. 207-220.

TRADUCTION ŒCUMENIQUE DE LA BIBLE (TOB) comprenant l'Ancien et le Nouveau Testament traduits sur les textes originaux hébreu et grec ; avec introductions, notes essentielles, glossaire ; nouvelle édition revue, Alliance biblique universelle / Le Cerf, Paris, 1988.

TRINKLEIN Michael, « Luther's insights into the translator's task », in : *The Bible Translator*, vol. XXI/n° 2, avril 1970, p. 80-88.

TRUFFAUT Louis, « Qu'est-ce donc que traduire ? », Lliçó inaugural del curs acadèmic 1992-93 de la Facultat

de Traducció i Interpretació 22 d'octubre de 1992, Universitat Pompeu Fabra, Barcelone, 1992.

UNTERMAN Alan, *Dictionary of Jewish Lore and Legend*, New York, éd. Thames and Hudson, 1991 ; traduction française par Catherine Cheval : *Dictionnaire du judaïsme. Histoire, mythes, traditions*, éd. Thames and Hudson, Paris, 1997.

VALENTIN Jean-Marie (dir.), *Luther et la Réforme. Du Commentaire de l'*Épître aux Romains *à la* Messe allemande, Éditions Desjonquères, collection « La mesure des choses », Paris, 2001.

VEIT Patrice, « La musique au cœur », in : *Les collections de L'HISTOIRE*, n° 75, hors-série *Luther. 1517, le grand schisme*, avril-juin 2017, p. 34-36.

WANDER Karl Friedrich Wilhelm (Hg.), *Deutsches Sprichwörter-Lexikon. Ein Hausschatz für das deutsche Volk*, Wissenschaftliche Buchgesellschaft, Darmstadt, 1977 (5 volumes).

WICK Claudia, « Jérôme et la Bible latine : révision critique ou (re)traduction ? », in : Sylvie Monjean-Decaudin (dir.), *La traductologie et bien au-delà.* Mélanges offerts à Claude Bocquet, Artois Presses Université, collection « Traductologie », Arras, 2016, p. 345-374.

WOLF Herbert, *Martin Luther. Eine Einführung in germanistische Luther-Studien*, Metzler, Sammlung Realien zur Literatur, Stuttgart, 1980.

ZUR MÜHLEN Karl-Heinz, « Luthers Bibelübersetzung als Gemeinschaftswerk », in : Siegfried Meurer (Hg.) *Eine Bibel – viele Übersetzungen. Not oder Notwendigkeit ?*, Evangelisches Bibelwerk, Deutsche Bibelstiftung, Stuttgart, 1978, p. 90-97.

Les éditeurs tiennent à remercier FEDORA WESSELER pour son aide lors de la relecture des épreuves de ce volume.

Table des matières

Composition et mise en pages
Nord Compo à Villeneuve-d'Ascq

Ce volume,
le dixième
de la collection « Traductologiques »,
publié aux Éditions Les Belles Lettres,
a été achevé d'imprimer
en septembre 2017
par La Manufacture imprimeur
52200 Langres, France

N° d'éditeur : 8734
N° d'imprimeur : 170972
Dépôt légal : octobre 2017
Imprimé en France